MORGANE

DRAME

EN CINQ ACTES ET EN PROSE

PAR

Auguste VILLIERS DE L'ISLE-ADAM

« Agressi sunt mare Tenebrarum
« quid in eo esset exploraturi... »
P. H.

PARIS

CHAMUEL, ÉDITEUR

29, Rue de Trévise, 29

—

1894

MORGANE

TYPOGRAPHIE
EDMOND MONNOYER

AU MANS (Sarthe)

MORGANE

DRAME

EN CINQ ACTES ET EN PROSE

PAR

Auguste VILLIERS DE L'ISLE-ADAM

« Agressi sunt mare Tenebrarum
« quid in eo esset exploraturi... »
P. H.

PARIS

CHAMUEL, ÉDITEUR

29, Rue de Trévise, 29

—

1894

Il a été tiré de cet ouvrage 100 exemplaires sur papier des Manufactures Impériales du Japon au prix de 15 fr. l'un, numérotés à la presse.

AVERTISSEMENT

DE LA PREMIÈRE ÉDITION

Cette édition, tirée à un petit nombre d'exemplaires, *ne sera pas mise en Vente*, et toute reproduction, même partielle, est interdite, avant représentation.

Elle est chargée de détails de mise en scène, de costumes, de tenue, etc.; — elle est ponctuée selon l'exagération de la scène, elle est donc presque illisible pour les personnes peu habituées à ces difficultés de théâtre.

Ainsi je prie de la considérer comme spécialement destinée aux comédiens, en attendant l'édition définitive.

Auguste VILLIERS DE L'ISLE-ADAM.

AVERTISSEMENT

DE LA PRÉSENTE ÉDITION

En publiant à nouveau Morgane de Villiers de l'Isle-Adam, que la littérature contemporaine attendait impatiemment, la première édition parue à Saint-Brieuc en 1866 étant devenue absolument introuvable, nous avons tenu à suivre à la lettre le texte même que nous avons fait copier à la Bibliothèque Nationale.

L'ÉDITEUR.

PERSONNAGES

FERDINAND Ier, Roi des Deux-Siciles et de Jérusalem.
SERGIUS D'ALBAMAH.
LORD ACTON.
LE MARQUIS D'AST.
LE COMTE DE THURN, grand justicier.
LE MAJOR EAQUE.
LE COMTE DIOMÈDE RICCI, écuyer du Roi.
LE VICE-AMIRAL SPECIALE DE SAINTOS.
LE COMTE ETTORE DE MONTECELLI, chambellan de la Reine.
LORD JAMES PEMBROKE, baronnet de CLEESBUR.
LE CHEVALIER LUIGI D'ASSUNTA, commandant des batteries de Saint-Erasme.
LE GOUVERNEUR DE CITTA-LAZZARA.
FRANZ, intendant du château de LUZ.
MARIE-CAROLINE, REINE des Deux-Siciles.
LA DUCHESSE MORGANE DE POLEASTRO.
LADY EMMA-LYONNA HARTE, duchesse D'HAMILTON, ambassadrice d'Angleterre.

PERSONNAGES

La comtesse SIONE DE SAINTOS, filleule de Morgane.
Le page LEONE.
La princesse HORATIA SOFONISBA, 1ʳᵉ dame d'honneur de la Reine.
La chanoinesse EUFRASIA TORELLI, abbesse des CAMALDULES DE SALERNE.
La sorcière MONNA JAHELI.
Un chambellan du roi, un officier, une sentinelle, les insurgés, etc.

Officiers, Pages, Seigneurs et Dames de la Cour ; Religieuses du Cloître de Salerne ; Geôliers, Bourreaux, Soldats, Moines, etc.

La Scène est, aux 1ᵉʳ et 2ᵉ actes, en Calabre et sur la frontière ; aux 3ᵉ et 4ᵉ, à Naples ; au 5ᵉ, à Salerne.

L'action se passe en 179..

Toutes les indications prises du Théâtre.

MORGANE

ACTE PREMIER.

Une grande chambre d'apparat dans la forteresse de Città-Lazzara, sur la frontière des Calabres citérieures. — A droite, 1er plan, cheminée surmontée d'une glace de Venise aux torchères allumées. — 3e plan, croisée. — A gauche, 1er plan, porte basse touchant le chevet d'un grand lit d'ébène à colonnes torses et d'un style ancien. Riches draperies de damas noir frangé d'or. — 3e plan, derrière le lit, porte.

Torsade entre les colonnes : c'est le timbre de nuit communiquant avec l'intérieur du donjon.

Au fond, porte d'honneur entre deux grandes croisées encadrées de larges rideaux de même étoffe que ceux du lit : panoplies sur les murs entre les croisées et la porte.

Au plafond, lustre chargé de bougies éteintes.

Ameublement somptueux, noir et pourpre : — auprès d'un guéridon de marbre, au milieu de la scène, un peu à droite, grand fauteuil surmonté d'une couronne ducale.

Presque au fond, à gauche, table de jeu toute ouverte et sur laquelle brillent des flambeaux près des cartes et des dés.

Tapis. — A travers les croisées, on aperçoit de temps à autre les sentinelles se promenant sur l'esplanade du Fort. — Au lever du rideau, le marquis d'AST est assis dans le fauteuil, le menton dans la main, sombre, en pourpoint de voyage, un collier d'ordres au cou. — LEONE, son page, est debout, appuyé à l'une des colonnes du lit.

SCÈNE PREMIÈRE

Le marquis D'AST, LEONE.

D'AST.

Leone ?

LEONE.

Monseigneur !.....

D'AST.

Sois à minuit près de la porte secrète du Fort : l'un des chevaux doit être sellé pour une femme.

LEONE.

Les chemins qui conduisent à la plaine sont dangereux : les ronces couvrent des pierres et des cavernes... les voyageurs n'auront pas l'avantage du clair de lune.

D'AST.

Bien (Un silence : il se lève). Dis-moi, page, ce départ brusque au sortir d'un bal de la cour de Naples, il y a trois jours, cette arrivée nocturne dans une prison d'État de la Calabre, ont dû te surprendre de la part d'un seigneur aussi taciturne et aussi régugulier que moi?

LEONE froidement.

Monseigneur, j'ai pensé qu'il se présentait une aventure curieuse et terrible...

D'AST, grave.

Je t'ai choisi pour le voyage, Leone, à cause de ton goût pour le danger; et puis, tu es un enfant silencieux. Sois armé cette nuit!

LEONE.

Le lieutenant de la forteresse m'a remis cette clef pour Votre Excellence...

D'AST, cache la clef dans sa poitrine; puis, lui offrant un collier.

Voici, en échange, une chaine d'or dont tu sauras bien te défaire, n'est-ce pas?

LEONE, souriant et fier.

Je ne puis accepter, Monseigneur; pardonnez; je suis bon gentilhomme, je ne sers que par dévouement. Si vos ordres me déplaisaient, je vous quitterais.

D'AST.

Ah ? — Soit !.....

(Leone se retire.)

SCÈNE II.

D'AST, seul.

Réflexions faites, enfreindre les mandats positifs de Milady Hamilton contre la duchesse Morgane, cela s'appelle trahir. C'est risquer ma tête imprudemment ; mais il est possible que je gagne, contre cet enjeu, ce qu'on n'ose pas rêver sans folie !.. (Il songe.) L'heure de ce coup de dés approche : il faut tenter la partie, ce soir, sous condition que les dés seront pipés en ma faveur : voilà tout. — Un page se trouve de trop noble maison pour accepter un joyau du marquis d'Ast ?.... Eh bien, de son côté, puisqu'il est question de la tête, le marquis d'Ast est en droit de s'estimer un trop grand seigneur pour admettre le hasard dans sa compagnie.

SCÈNE III.

D'AST, LE MAJOR EAQUE, DES OFFICIERS.

LE MAJOR EAQUE.

Monsieur le marquis, je vous annonce l'arrivée d'une visiteuse de haut parage... la duchesse de Poleastro. Les attelages sont dans la cour d'honneur : la duchesse est à cheval.

D'AST, à voix basse, lui montrant la clef.

Est-ce bien dans cette chambre qu'elle doit passer la nuit?..

LE MAJOR EAQUE, de même, indiquant du regard la porte près du lit.

Dans cette chambre. (Aux officiers :) Messieurs, la présence du marquis d'Ast en cette citadelle ne doit pas être révélée dans la conversation, devant la duchesse. (Les officiers s'inclinent.)

D'AST, très-bas, au major Eaque.

Vous recevrez les épaulettes de colonel, monsieur. Je me charge des sentinelles de cette plate-forme. Au revoir! (Passant devant les officiers :) Messieurs..... (Il s'incline et sort par la porte du 2ᵉ plan, à gauche, au moment où les deux battants de la porte d'honneur s'ouvrent au fond de la scène.)

SCÈNE IV.

**LES MÊMES, MOINS LE MARQUIS D'AST,
LE GOUVERNEUR, MORGANE, L'ÉTAT-MAJOR,
PAGES**, tenant des torches.

MORGANE est vêtue d'une amazone de moire violette

aux boutons d'argent mat. Elle porte un feutre en peluche gris-perle dont la plume blanche est retenue par une améthyste à monture ciselée : le col et les manchettes sont peu apparents : trois lignes de points de Gênes. La robe se relève, au côté, sur les deux glands noués d'une ganse d'argent qui se rattache à la ceinture. Aumônière de moire violette ; gants perle.

La duchesse paraît une femme de vingt-six à vingt-huit ans; elle s'appuie, d'une main, sur le bras du Gouverneur, de l'autre, elle tient une fine et mince cravache dont le pommeau se termine par une améthyste de la même monture que celle du feutre.

MORGANE, souriante.

Rassurez-vous, Messieurs : je ne suis point de nature à m'émouvoir pour quelques gouttes de pluie!.. Et, pour tranquilliser tout à fait votre sollicitude, Monsieur le Gouverneur, je vous dirai qu'un jour, par un temps d'orage, me trouvant à cheval aux environs de Fiesole, près de ma jeune cousine, la comtesse Sione de Saintos, que j'aime avec tendresse, la foudre tomba, très soudainement, à nos pieds. Le fracas fut si violent que la douce enfant s'évanouit. Comme le tonnerre roulait ses globes de feu, je me pris d'impatience... Je le poursuivis et je le chassai à coups de cravache.

LE GOUVERNEUR, indiquant le fauteuil ducal.

Daignez vous reposer, madame.

MORGANE, vers les officiers, cérémonieuse.

Je ne m'attendais pas à trouver si brillante compagnie dans ces montagnes...

(Elle s'asseoit. Les officiers, après les saluts d'usage, se sont dispersés autour de la table de jeu et en groupes différents. Le thé et les liqueurs circulent : les pages s'empressent. — A demi-voix, au Gouverneur, qui se tient debout près d'elle :)

Monsieur le baron, je pars avant le jour : voulez-vous que nous causions de suite ?..

LE GOUVERNEUR.

Volontiers, madame la duchesse. Vous êtes envoyée vers moi ?..

MORGANE, tirant de son aumônière des parchemins scellés.

Voici les pouvoirs de la Reine et la lettre de milady Hamilton, ambassadrice d'Angleterre. Vous avez, sans doute, préparé les dossiers relatifs aux anciennes affaires du ministre, lord Acton ?... Ils ont trait, je crois, au temps où lord Acton était simple officier de marine. Ces papiers sont compromettants et inutiles. Ayez la complaisance de me les remettre et ma mission sera terminée.

LE GOUVERNEUR, parcourant les lettres.

Fort bien, madame... Seulement les parchemins qui nous restent sont de fort peu d'importance. Lorsque le marquis d'Ast était inspecteur général des forteresses siciliennes, il a mis en ordre, lui-même, ces dossiers, dans la visite qu'il nous a faite, et s'est chargé d'en faire parvenir les notes principales à lord Acton.

MORGANE.

Ah!.. (A part:) Que signifie ceci?.. (Au Gouverneur.) Enfin, donnez, monsieur.. (Le Gouverneur présente à la duchesse un portefeuille ; la duchesse examine les papiers, un instant : puis à part.) Je saurai pour quel autre motif lady Hamilton m'a priée de venir à Città-Lazzara : c'est un éloignement... elle ne pouvait ignorer la nullité de ces pièces!... Aurait-elle deviné que je cherche un roi ? (A ce moment, au-dehors, un chant sauvage, de triomphe s'élève, dans le vent et l'ombre.)

LA VOIX DE SERGIUS.

« Ton âme a triomphé des chaînes !
« Ne songe plus aux vœux trahis :
« Tu vois les libertés prochaines !...
« Tu marches sous les anciens chênes
  « De ton pays ! »

MORGANE, distraite, après un moment de silence.

Quelle est cette étrange voix?..

LE MAJOR EAQUE.

Celle d'un prisonnier, madame la duchesse; le n° 25, je crois. Son cachot se trouve situé précisément au-dessous du salon, ce qui laisse parvenir la chanson, malgré la nuit et la tempête, jusqu'ici.

MORGANE, préoccupée et sombre.

Malgré la nuit, dites-vous, et la tempête?..

LE GOUVERNEUR.

Le n° 25?.. C'est alors le chevalier d'Albamah!.

MORGANE, toujours indifférente et feuilletant les papiers.

Et... pour quel crime?...

LE GOUVERNENEUR.

C'est un prisonnier de guerre. Un jeune homme. Il est là depuis un an. Il nous a même été possible de l'enchaîner; cependant comme il nous refusait sa parole...

MORGANE.

Oh! c'est triste, ceci!.. Comment, un jeune homme!.. Un prisonnier de... (Elle s'arrête; puis, à part:) Quelle idée?.. au fait, ce serait une distraction : la soirée au milieu de ces officiers de province n'étant pas une perspective des plus gracieuses... (Haut :) Monsieur le Gouverneur, je désire que ce prisonnier inconnu doive au moins quelque bonne fortune à ma présence ici : veuillez faire venir ce gentilhomme. Je puis être de quelques secours à sa détresse et je dois me souvenir de mon voisin d'une nuit dans ce lugubre château !..

LE GOUVERNEUR.

Duchesse, à l'instant même !..
(Il donne un ordre à un officier qui s'éloigne aussitôt.)

UN OFFICIER, à un autre, à voix basse.

Ces grandes dames !.. c'est étonnant.

SCÈNE V.

LES PRÉCÉDENTS, LEONE, entrant par la porte du fond, à gauche.

LEONE, apercevant Morgane.

O Dieu ! (Il descend la scène et s'appuie contre la table du 1er plan, à gauche.) Comme elle est belle !

MORGANE, à elle-même.

C'est singulier : la mystérieuse prison !

LA VOIX D'UNE SENTINELLE, au dehors.

Qui vive?

UNE VOIX.

Prisonnier d'État!.. Service du Gouverneur!.. (Bruit de crosses et de mousquets tombant sur l'esplanade.)

LA SENTINELLE.

Passez!

LE GOUVERNEUR.

Voici le prisonnier, madame... Messieurs, l'épée à la main!..

MORGANE.

Présentez-le moi.

(La porte du fond s'ouvre à deux battants : SERGIUS D'ALBAMAH chargé de chaînes et entouré d'un peloton de soldats commandés par un officier l'épée nue, paraît sur le seuil aux lueurs des torches et des éclairs; il reste immobile.)

SCÈNE VI.

Les Précédents, SERGIUS D'ALBAMAH.

LE GOUVERNEUR, se levant.

Entrez, monsieur. (Aux geôliers:) Otez les chaînes : (L'ordre s'exécute). Mon gentilhomme, les hasards de la guerre sont cruels : n'importe !

voulez-vous me faire l'honneur de choquer mon verre !.. Allons! un flacon de Porto, sans façons, entre soldats, pour la santé d'une dame auguste à laquelle vous devez cette heure d'infraction au règlement.

MORGANE, à part.

Voilà, je crois, un homme qui va fuir.

SERGIUS, au Gouverneur.

Merci, monsieur : permettez-moi de refuser : je ne bois du vin, que libre.

LE GOUVERNEUR.

J'ai l'honneur de présenter à sa grâce, la duchesse de Poleastro, selon sa volonté, le chevalier d'Albamah.

SERGIUS, à part, en se relevant de son salut.

Le visage est pareil à la nuit.

MORGANE, présentant sa main à baiser.

Chevalier, j'ai l'espoir de vous offrir encore ma main en des jours plus heureux.

SERGIUS, incliné sur la main et regardant autour de lui, rapidement : à part.

Le lit? Deux portes !.. Le hasard me devait cela!.. (Haut :) Je me souviendrai de cette parole, madame.

LEONE, à part.

Serait-ce elle que le marquis d'Ast voudrait emmener, dans une heure!..

LE GOUVERNEUR.

Au fait, vous étiez de ceux de l'archiduc? Comment n'êtes-vous pas libre! Vos amis n'ont donc rien tenté...

SERGIUS, fièrement.

Les hommes comme moi n'ont pas d'amis.

MORGANE.

Vous avez dû laisser dans le monde un attachement : désirez-vous que l'on fasse parvenir quelques nouvelles?..

SERGIUS.

Oh! je remercie votre grâce du plus profond de mon cœur; mais celle que je devais épouser, je l'ai perdue. Elle doit porter, à cette heure, un autre nom que le mien, si elle n'est pas morte. (A part :) Sione! Sione!.. pauvre enfant.

LE GOUVERNEUR.

Avez-vous des observations à présenter sur le régime de la Forteresse?

SERGIUS.

Aucune, monsieur : je me trouve parfaitement bien, ayant, de tout temps, préféré la vue des pierres à celle de mes semblables.

MORGANE, à part.

Voilà un homme qui va fuir demain !..

LE GOUVERNEUR, indiquant un fauteuil au chevalier et s'appuyant lui-même.

Pourquoi donc êtes-vous oublié ici ?.. Voyons ! C'est surprenant !..

(Sergius, en souriant, s'asseoit les jambes croisées et jouant avec ses chaînes.)

SERGIUS.

Mais au contraire : c'est naturel, je vous assure, monsieur. Parce qu'autrefois, sans autre orgueil que celui de ma jeunesse, j'ai prodigué mon sang et mon amour pour ce que les faiseurs de lois ont appelé le Devoir, afin de vivre longtemps... oui, pour le triste plaisir de la fidélité. Je ne me repens d'aucune action contenant une expérience : les longues nuits du cachot m'ont éclairé sur la valeur de bien des paroles : je sais, actuellement, ce que pèsent la foi jurée, le dévouement, l'amitié sainte, l'amour noble et pur, l'abnégation et la gloire! Si je sors jamais de ces murailles, je suivrai, vous pouvez le tenir pour irrévocable, une route assez opposée à celle qui m'y a conduit. Mon âme s'est éteinte!..

LE MAJOR EAQUE.

Monsieur le chevalier!.. entre nous, ces bonnes intentions n'induisent pas à favoriser votre élargissement!..

SERGIUS, le toisant, et après un silence.

Monsieur, je croyais avoir dit que je ne demandais rien. La liberté, je ne sais d'où elle viendra : j'ignore comment se présenteront les circonstances ; je ne perds pas de temps à combiner sur le sable : je compte sur le divin Hasard, qui ne trahit jamais ceux qui l'aiment!..

MORGANE, à elle-même.

Voilà un homme qui va fuir cette nuit!..

LE MAJOR EAQUE, avec suffisance.

Il y a des obstacles dans le monde, chevalier!..

SERGIUS, montrant les mousquets et les épées qui l'environnent.

Un seul, et qui m'est indifférent. Une fois

dehors, une fois ressuscité, j'irai jusqu'où ma pensée me portera. Je le dis avec franchise! il n'est pas de sommet que je ne tenterai, sans hésitation, au mépris de toute loi de la force organisée! Quand bien même il s'agirait de renverser un trône ou de le conquérir, si j'ai cet idéal, je ne reculerais pas; et qui sait?.. peut-être ne serais-je pas le premier de ma race.....

(A ces paroles, Morgane tressaille, se lève à demi, le regarde fixement comme dans une surprise silencieuse : SERGIUS continue avec le plus grand calme :)

Oui ; se développer à travers ses passions et ses rêves, sans autre frein que soi-même, quoi qu'il puisse advenir et sans remords, telle sera pour moi, désormais, la définition du Devoir !.. ni rois, ni dieux, ne sauront m'entraver. (D'un ton enjoué :) Vous voyez, messieurs, que si l'enfer est « pavé de bonnes intentions », je prends assez le moyen de faire mon salut.

MORGANE, à elle-même.

Oh!...

LE MAJOR EAQUE.

Ce sont là des théories de prisonnier : elles conduisent à l'échafaud. Vous reviendrez là-dessus, je l'espère pour vous, monsieur.

SERGIUS.

Ma conscience a la voix aussi haute que celle d'un grand nombre ! Elle m'affirme que je vaux mieux qu'un roi qui m'oublie dans une prison et qu'une patrie qui trahit son enfant en le privant de sa part de jeunesse et de soleil!

LEONE, à part, les yeux brillants.

Oh ! c'est très bien, cela ! c'est d'un héros !

SERGIUS.

Quant à l'échafaud, je vous ai fait part, selon votre désir, de mes opinions sur la mort. De quelque manière qu'elle se présente, les hommes comme moi savent en rire et la braver.

LE MAJOR EAQUE, d'un ton brutal et goguenard.

Alors, c'est que vous êtes un peu fou, mon camarade!.. (Il rit et lui tourne le dos.)

UN OFFICIER, riant aussi.

Oui : c'est un original auquel le silence aura porté à la tête!.. (Cercle de rieurs.)

SERGIUS, sans hausser la voix.

Tellement que si je tenais votre vie, à tous deux, au bout d'une épée, (avec un grand mépris :)

je ne vous la prendrais pas. (Il regarde la duchesse en souriant.)

LE GOUVERNEUR, à demi-voix et avec reproche, au Lieutetenant.

Major, vous oubliez qu'une injure ne peut atteindre un prisonnier!..

LEONE, qui s'est contenu jusque là, s'avançant.

Elle m'atteint, moi!..

LE MAJOR EAQUE, se détournant, le verre en main.

Qui t'a donné la parole, damoiseau!..

LEONE, froid, la main sur son épée.

Oh! je suis page de guerre : j'ai dix-sept ans et j'ai servi d'écuyer à deux combats. Je ne sais pas s'il est noble de gagner ses épaulettes à coups de vin d'Espagne, et de prêter à rire aux dépens d'un prisonnier d'État; mais je sais que je tiens assez bien cette épée pour ne recevoir de leçons de personne!..

LE MAJOR EAQUE, faisant un pas vers lui.

Ah çà! vrai diable! jeune muguet! je vais vous raccourcir les oreilles.

LEONE, en souriant.

Prenez garde que je ne coupe les vôtres!..
(Il s'asseoit : les officiers se lèvent.)

MORGANE, assise, impassible.

Où suis-je, messieurs ?.. Lieutenant, rendez-vous sur le champ dans votre cellule : vous y garderez les arrêts jusqu'à mon départ.

LE MAJOR EAQUE, s'arrêtant, un peu déconcerté.

Madame la duchesse... je ne sais trop jusqu'à quel point je dois obéir.

(Un profond silence : Sergius se lève et va s'appuyer contre le fauteuil de Morgane.)

MORGANE, imperturbable.

Gouverneur, cet homme aux fers.

LE GOUVERNEUR.

Major Eaque, vous venez d'oublier que madame la duchesse de Poleastro représente, ici, la Reine des Deux-Siciles et que monsieur le chevalier d'Albamah, depuis le seuil de cette chambre, est devenu son hôte. La cour de Naples saura que Città-Lazzara est maintenue par des officiers décriés qui se provoquent devant une femme et qui manquent de respect à des prisonniers de guerre. Obéissez.

LE MAJOR EAQUE, à part.

Le marquis choisit bien ses pages... mille

tonnerres!.. Et s'il m'appelle, d'un coup de timbre, cette nuit?.. Comment le prévenir que je suis arrêté?.. Je ne sais où il est!..

(A un officier qui s'est approché de lui et auquel il remet son épée :)

C'est bien, Salvaggio, je vous suis.

(Il sort.)

SCÈNE VII.

Les Précédents, moins le major EAQUE.

MORGANE.

Comment vous nommez-vous, mon bel enfant?

LEONE.

Leone, madame.

MORGANE.

Un beau nom. Venez ici. Veuillez vous asseoir à mes pieds ; sur ce coussin ; là!..

LEONE, confus.

Madame... (Il obéit.)

MORGANE.

Et, surtout, soyez sage, maintenant. (Un silence.) J'écoutais avec intérêt le chevalier d'Albamah.

SERGIUS, venant saluer la Duchesse.

Daignez recevoir les adieux d'un exilé, d'un captif inconnu, madame la duchesse!.. (En passant près de Leone, il lui tend la main.) Je suis heureux de l'occasion qui m'a donné de voir un cavalier gracieux et brave!.. (Regardant autour de lui.) Monsieur le Gouverneur, messieurs, au revoir!..

LE GOUVERNEUR.

Gardes!.. (On entoure Sergius et on l'enchaîne.)

SERGIUS.

Marchons!..

(Morgane se lève; Leone s'éloigne vers la porte basse : la porte du fond se rouvre : Sergius et les soldats quittent la scène.)

SCÈNE VIII.

Les Précédents, moins SERGIUS D'ALBAMAH.

MORGANE.

Il se fait tard. J'accepte vos hommages et

vos regrets, Messieurs. (Elle s'incline froidement ; puis, au Gouverneur :) Monsieur le baron, j'espère que, si vous venez à Naples, vous vous souviendrez de mon palais.

(Le Gouverneur et les officiers se retirent dans un profond salut.)

LEONE.

Que se passe-t-il donc, ici ?.. (Il disparaît.)

SCÈNE IX.

MORGANE, UNE CAMÉRISTE, entrant à droite.

MORGANE.

Éteins ces lumières, petite fille.

(La camériste se met en devoir d'éteindre les cristaux et les candélabres : elle fait retomber les tentures et les rideaux des croisées pendant l'*a-parte* de Morgane qui s'est accoudée, pensive, à la table du lit :)

O destinée écrite ! O stupeur ! O hasard !.. Il a fallu ce malentendu de cour ! Il a fallu que je vinsse ici !.. que ce soir même !.. Il paraît que certains êtres s'attirent à travers les murs. Le solide aventurier !.. Il est plus complet que mon espoir.

(La camériste s'approche après avoir rangé la table de jeu et une fois les bougies éteintes : elle se tient silencieusement devant Morgane.)

Je me déferai seule, mon enfant. (Elle désagrafe deux ou trois boutons de son amazone, ôte son feutre et le pose sur le lit.)

(La cameriste s'incline et se retire.)

SCÈNE X.

MORGANE, seule, puis **SERGIUS D'ALBAMAH**.

MORGANE, se levant, après un coup d'œil autour d'elle.

Cependant, je ne puis pénétrer l'intention de cette obscure lady Hamilton !.. Pourquoi cette ambassade ! Il est impossible qu'elle ait soupçonné les événements que je prépare,.. N'importe !.. Veillons.

(L'appartement n'est plus éclairé que par la lampe, sur la table : au dehors bruit du vent et de la pluie frappant les vitres. La duchesse, après être allée donner un tour de clef aux trois portes, se rassecit devant la table et reprend sa rêverie.)

Jusqu'à ce charmant page qui l'a vaillamment admiré, tout de suite !.. (Elle s'arrête :) Comme ses yeux calmes les pénétraient, les damnaient et les bravaient !.. Il tenait son lambeau de chaînes comme un sceptre : ses vêtements déchirés avaient des reflets de pourpre : nos regards se sont étreints une seconde : il parlait pour moi.

(Réfléchissant profondément :)

Je ne me fie pas aux choses extraordinaires ; mais, ou je suis la dupe de mon imagination, ou cet homme-là me paraît être décidément la grande épée et le front d'airain que je cherchais, et sans lesquels je ne pouvais me déterminer à la révolte !.. Il me fallait un bras sur lequel m'appuyer, non par défaillance mais par attitude, et je crois que je viens de le trouver.

(Elle reste le front dans sa main ; puis :)

Ah ! n'hésitons pas! c'est l'homme qu'il me faut.

(Elle tire sa montre, regarde l'heure, puis baisse l'abat-jour de sa lampe ; sa tête devient dans les ténèbres.)

Il est minuit et demie : bien ; demain soir je serai dans mon château de Luz et je ferai partir des courriers pour Saintos et pour Montecelli ; Ricci, d'Assunta, Cleesbür, viendront à franc-étrier : nous serons réunis quelques heures après : j'exposerai le projet de suite ; nous prendrons jour ; et sus au trône !.. (Exaltée et grave :) A moi la puissance royale ! Je chargerai, moi-même, s'il le faut, les canons qui, dans l'incendie de Naples, annonceront au monde le sacre de la Reine Morgane de Sicile !..

(Une trappe, grossièrement scindée, se soulève dans le plancher. Sergius, un couteau-poignard entre les dents, apparaît, et, d'un coup d'œil, explore silencieusement la chambre. Morgane ne le voit pas, ne l'entend pas. Au bout d'une minute, Sergius se dresse tout à fait, referme la trappe sans bruit, et vient se poser, le couteau à la main, pieds nus, avec des allures de bête fauve, contre le fauteuil de la duchesse :)

Prisonnier, cependant !

(Sergius lève, terrible, son couteau-poignard sur elle, après un geste de décision, sans la reconnaître, dans l'obscurité.)

N'importe !.. Il faut que sa délivrance, aussi hâtée que possible, s'accomplisse ! Deux mots au marquis d'Ast suffiront, je l'espère, et dussé-je aller trouver moi-même le chancelier du royaume...

(Sergius, à un mouvement de tête de Morgane, s'est arrêté, stupéfait, le bras levé, la reconnaissant.)

Je n'ai pas de temps à perdre et, puisqu'il me paraît de l'étoffe des rois, que la destinée s'achève !..

(Elle rêve. Il prend doucement sur la table le mouchoir de batiste. Le regard de la duchesse de Poleastro devient fixe tout à coup ; puis, après un profond silence, sans bouger et d'une voix sourde :)

Il y a quelqu'un derrière moi.

(Le chevalier, brusquement, la saisit à bras-le-corps et lui appuie d'une main le mouchoir sur les lèvres.)

SERGIUS, à voix basse :

Silence !.. oh ! Madame !.. Silence.

MORGANE, après un instant, écartant la main de Sergius et le regardant en face.

Il était fort inutile de me recommander le silence, Monsieur. Je suis de celles qui ne se troublent jamais.

SERGIUS.

Où donne cette porte ?

MORGANE.

Oh ! sur le poste des batteries des pierriers. (Montrant la porte du lit.) Celle-ci donne sur le palier qui conduit aux chambres questionnaires ; écoutez : il y a deux escaliers conduisant aux casernes : la porte du troisième, celui du milieu, donne sur la montagne même et les grands chemins !..

SERGIUS, allant décrocher une épée à l'une des panoplies

Combien de sentinelles ?..

MORGANE.

Deux seulement, ce soir, éloignées de dix pas l'une de l'autre ; la nuit est sombre : les éclairs et les torrents de pluie vous seront utiles. Mais pas de bruit ! pas de sang !.. Vous êtes agile et robuste étranglez, prenez un uniforme, et au large !..

SERGIUS.

La frontière ?.. A quelle distance ?..

MORGANE.

Cinq ou six portées de carabine : vingt degrés par le Nord. Vous connaissez-vous aux étoiles ?..

SERGIUS, un doigt sur ses lèvres.

On vient! (Bruit de crosses de fusil sur le rempart.)

VOIX au dehors.

Qui vive?

MORGANE, bas et vite.

Rien. On relève la sentinelle qui veille à ma porte : rien, vous dis-je.

LA VOIX DU MARQUIS D'AST.

Ronde de nuit !..

MORGANE, tressaillant, à part.

Cette voix !.. j'aurais juré !..

SERGIUS, immobile près de la porte du fond.

Ils passent !.. (Un silence.) Adieu. (Il se dirige vers la porte.)

MORGANE

Un instant!.. c'est un peloton de cuirassiers qui relève aussi les deux hommes dont je vous ai parlé : vous allez tomber sous leurs balles. Jetez-vous dix minutes sur ce lit, jusqu'à ce que tout soit redevenu morne.

SERGIUS.

Votre nom, madame?

MORGANE, souriante.

Il n'y a pas de sainte portant mon nom dans le paradis, je m'appelle Morgane.

SERGIUS.

Si je meurs, ce sera le seul que je prononcerai. Le mien est celui d'un grand révolté : Sergius. J'en ai même un autre : celui de mes aïeux qui furent des rois.

MORGANE.

Des rois!.. qui donc êtes-vous?..

SERGIUS, souriant et faisant encore un pas vers la porte.

Un « original auquel le silence a porté à la tête. »

MORGANE, attentive depuis un seconde, à voix basse :

Ah ! regardez !.. (Elle lui saisit brusquement le bras et lui indique la porte du lit :)

SERGIUS, de même.

Quoi ?..

MORGANE, de même.

On essaie d'ouvrir cette serrure, il me semble !.. Voyez !.. là, là !..

SERGIUS, s'appuyant sur son épée.

Fort bien. Je crois que je vais mourir ici.

MORGANE, à l'oreille du chevalier.

Ce n'est pas de vous qu'il s'agit, cette fois... Vite ! dans ces draperies noires !.. Cachez-vous, monsieur, et ne venez qu'à mon appel.

(Sergius tenant toujours à la main son épée nue, se cache derrière les draperies du lit.)

SCÈNE XI.

MORGANE, SERGIUS CACHÉ, LE MARQUIS D'AST.

D'AST, paraissant, couvert d'un long manteau et masqué.

Madame la duchesse, daignez recevoir mes

hommages. (Il écarte son manteau et se démasque.) Je craignais de vous trouver couchée. De cette façon, notre causerie sera tout-à-fait officielle et absolument amicale.

(Il ferme la porte et revient se poser, le feutre à la main, devant la duchesse.)

MORGANE, debout, froide, après un moment.

Donc, si j'appelais ?

D'AST, se dégantant.

Ce serait une peine que, si vous voulez bien me le permettre, je vous éviterai d'un mot : il n'y a plus de sentinelles sur les remparts.

MORGANE, indiquant la torsade du lit.

Ce timbre ?..

D'AST.

Donne chez l'un de mes amis dévoués : je vous dirai que je commande un peu, ici.

MORGANE, tirant un pistolet de sa poitrine et ajustant le marquis.

Si je vous cassais purement et simplement la tête ?..

D'AST, chiffonnant ses dentelles.

Ce serait difficile. Ce matin, pendant que

vous visitiez la forteresse et avant votre promenade aux ruines du temple de Vesta, je me suis amusé, ne sachant que faire (et vous allez sans aucun doute, sourire de cette occupation d'une innocence vraiment primitive), je me suis amusé, dis-je, à mouiller, moi-même, la poudre de vos armes !

MORGANE, dédaigneuse, et jetant son arme.

Est-ce à ma vie que vous en voulez ?..

D'AST, mielleux.

Vous accorderez bien, madame la duchesse, que si tel eût été mon projet, il ne m'eût pas été difficile, depuis six ans, lorsque vous alliez, au printemps, revoir l'un de vos manoirs siciliens, de faire cacher une vipère rouge sous votre oreiller ?..

MORGANE.

Ah! vous êtes amoureux de moi jusqu'à débuter par des violences ?..

D'AST.

Que la duchesse de Poleastro se rassure : elle ne serait pas d'aujourd'hui à s'en apercevoir : j'ai simplement quelque admiration pour elle.

MORGANE.

Cependant, vous m'avez suivie.

D'AST.

Précédée de vingt-quatre heures. Les hiboux et les orfraies du donjon, sous les fenêtres de la chambre ruinée que j'habite, sont venus me donner l'aubade toute la nuit, dans la trop expansive joie de leurs sinistres amours. Étant superstitieux, j'ai pris cela pour l'avertissement d'une mort prochaine : aussi vais-je repartir : mon page est en bas, me tenant des chevaux tout sellés.

MORGANE.

Hâtez-vous donc, alors, monsieur. Qu'avez-vous à me dire?..

D'AST.

Un conte de fées.

(Ils s'asseoient, l'un vis-à-vis de l'autre, séparés par la table.)

Il y a quinze ans florissait dans Londres une jeune enfant d'une beauté séduisante nommée Emma Harte. C'était la petite servante d'une taverne d'artistes auxquels elle versait fort gracieusement le wiskey. La jeune

Emma s'embellissait jusqu'à devenir étincelante, elle raffolait candidement de théâtres, d'oripeaux et de parades illuminées. Un bon charlatan la recueillit, tout à coup, sur le pavé d'un carrefour, et l'excellent homme, saisi par les merveilles de ce visage, résolut d'en faire sa fortune. Incontinent donc, il en octroya la vue, moyennant vingt-cinq guinées, je crois : c'était, (disait-il, dans le délire d'une bonhomie ingénue), « c'était une déesse !.. la déesse Hygie, » celle qui présidait à la santé, chez les Gentils. Filou plein de ténèbres, il prétendait obtenir de l'enfer la guérison des humains par l'entremise de sa protégée. Cependant Emma Harte abandonna bientôt son ami; déchira son galant costume d'Immortelle, entra dans une existence d'aventures et, après quelques passions, se retrouva seule encore. Elle tomba, sous la brusque étreinte du dénûment, jusqu'à chercher du pain, le soir, dans les ruelles sombres qui avoisinent St-Paul. Et, sans doute, au milieu de ce silence troublé par les voleurs qui marchent dans le vent, courant, glacée par le brouillard, sous le beffroi de l'église, la charmante fille dut entendre alors, plusieurs fois, tomber sur elle de hasardeux minuits !.. Un matin, à Hyde-Park, un gentilhomme au sortir d'un souper, rencontra cette malheureuse.

Emma Harte, aujourd'hui, peut avoir vingt-huit ans, environ : sa destinée s'est un peu adoucie. C'est, maintenant, la femme de lord William Hamilton, frère de lait du roi Georges et pair d'Angleterre : elle porte soixante-dix millions de diamants sur elle aux fêtes de la Cour : elle s'appelle milady Emma Lyonna, comtesse Harte, duchesse d'Hamilton, ambassadrice d'Angleterre, favorite de la reine Marie-Caroline de Sicile et c'est une des femmes les plus brillantes, les plus profondes et les plus pénétrantes de l'Univers.

MORGANE.

Je sais.

D'AST.

Je suis son ambassadeur près de vous. Elle nous a réservé, ici même, cet entretien. Ainsi que Votre Grâce veuille bien me répondre comme elle répondrait à celle que j'ai l'honneur de représenter en ce moment.

MORGANE.

Je ne lui répondrais pas.

D'AST.

Véritablement!..

MORGANE.

Je l'écouterais, peut-être.

D'AST.

Alors, madame la duchesse, par déférence pour l'une et l'autre, je parlerai sans vous questionner. Lady Hamilton et moi, nous sommes tombés d'accord sur le pressentiment d'une trame ténébreuse, imminente, dirigée contre la couronne des Deux-Siciles. Toute affaire de cet ordre entraîne la mort infâmante. Vous êtes, vous devez être à la tête de ce complot.

MORGANE, après un moment.

Qui est-ce qui ne conspire pas un peu, dans sa vie, sans le savoir, par désœuvrement !.. D'ailleurs, qui vous a permis de me supposer capable d'une telle entreprise?.. D'où me connaissez-vous?..

D'AST.

J'eus l'honneur de vous rencontrer pour la première fois, il y a six ans. Ce fut à Naples, chez le cardinal Severiano Marras, alors président de la Consulte-Majeure, pendant une soirée donnée à l'envoyé plénipotentiaire de France !..

Et je me souviens de la toilette que vous aviez choisie. C'était une parure d'argent bruni rehaussée de pierres sombres, de vieux rubis connus du trésor de la couronne hongroise, autrefois; et des flots de dentelle noire. Vous portiez le deuil de votre mari.

MORGANE, glaciale.

Vous êtes très-effrayant.

D'AST.

Parfois. Ce soir-là, donc, j'étais simple attaché, j'ai oublié à quelle ambassade : j'étais ruiné. J'avais dépensé ma jeunesse en royales folies : je vous remarquai. Pour dire la vérité, je vous devinai d'un seul regard. Vous étiez admirée au milieu d'intrigues augustes et courtisée par des princes d'Allemagne. Je compris le dédain, l'ambition et l'énergie de votre âme, et ce grand rêve de puissance qui vous dévorait. Je m'attachai, dès lors, à vous, comme le fer à l'aimant, même, et surtout, dans l'obscurité : la preuve est que vous ne m'avez même pas aperçu. Je vous suivis à Bologne, à Ferrare, à Milan... Tenez! vous avez fait noyer le chevalier Michèle Ceni sur les galères du Roi!.. Vous avez fait sombrer dans la rade de Syracuse, un vaisseau d'Angleterre, belle histoire de galions menée avec autant d'habileté que de bonheur!.. Vous avez fait exécuter secrètement, c'est-à-dire étrangler dans un cachot de Saint-Erasme, par un brave florentin nommé Ruffo, et déguisé en moine, la comtesse portugaise Concepcion Souza, qui avait porté de l'ombrage à votre ascendant sur le duc de Poleastro : vous avez...

MORGANE.

Passons.

D'AST.

Il y a, dans votre existence, des secrets si terribles que vous les avez oubliés ; personne, pas même moi, ne les connaîtra jamais : cependant, vous le voyez, madame, je vous ai suivie, discret, incessant, invisible!..

MORGANE.

Si j'avais su cela dans le temps, monsieur, je crois que je vous aurais aimé.

D'AST, surpris et troublé.

Duchesse... (La regardant :) Vous êtes pensive?..

MORGANE.

Oui, je me demande à quelle mort atroce je vous expédierai, dès mon retour à Naples.

D'AST, se remettant.

A cause de ma science?..

MORGANE, avec un mouvement d'épaules et un sourire dédaigneux.

Non. Pour avoir manqué l'occasion!.. Mais laissons cela. Je comprends le piège dans lequel je suis tombée. Il est hardi : voilà tout. Je conspire : soit! Je vois, je sens qu'il est trop tard pour le nier. Vous n'aviez pas de preuves! vous m'avez simplement devinée : lady Hamilton étant une femme de mérite. M'arrêter à Naples était difficile et dangereux : elle m'a déléguée, sous un prétexte, dans une citadelle reculée, gardée par des officiers révoltants, à cinquante lieues de tout secours... J'ai commis l'imprudence d'accepter : c'est bien. Vous avez les pouvoirs discrétionnaires si je ne vous livre pas mes complices et vous venez m'offrir ma grâce et mon exil si je vous abandonne leurs noms, c'est-à-dire, leurs têtes.

D'AST.

Vous vous trompez, madame.

MORGANE.

Pourquoi donc auriez-vous accepté cette mission!

D'AST, tranquille.

Pour la trahir. Supposez-vous libre et qu'il vous soit permis d'agir?.. Vous êtes seule!.. Votre dernier protégé, Giorgio Silva, un cavalier charmant...

MORGANE, l'interrompant sourdement.

Ah!.. c'était vous!.. bien.

D'AST, achevant sa phrase.

Vient de périr misérablement dans je ne sais quelle embuscade...

MORGANE.

Achevez.

D'AST.

Eh bien, moi, le commandeur Bruno, comte de Bristol, marquis d'Ast, seigneur sicilien, je viens vers vous. Sur mon âme, je vous jure que je n'aime pas plus que vous ce roi sans volonté, cette reine maladive et cruelle. J'exècre ce lord Acton, un ancien médecin d'une bourgade de France, devenu premier ministre on ne sait comment, ici! j'ai, dans le cœur, un profond mépris pour cette lady Hamilton qui ruine les finances du royaume et pour qui le sang des meilleurs gentilshommes de l'Italie coule sur les échafauds!.. Madame, vos projets! vos complices! votre but! Je désire en être! Et si, comme je le crois, ils sont dignes de votre haute capacité, j'oublierai les ordres formels dont je suis le mandataire contre vous, je deviendrai votre appui : je ne vous serai pas inutile. Bref, nous partagerons les dangers et les triomphes. Leone, mon page, tient, en bas, nos chevaux tout sellés, je vous l'ai dit ! Nous partirons ensemble. Nous agirons de suite.

MORGANE, à elle-même.

Leone!..

D'AST.

Si vous vous taisez, je redeviens l'ambassadeur de Lady Hamilton et vous êtes perdue. Vous avez trois minutes pour vous recueillir, madame.

MORGANE, après une seconde d'examen.

Vous êtes sincère, en ce moment. Toutefois, vous jouez de malheur, monsieur. Une heure plus tôt, j'acceptais ! Maintenant mes décisions sont prises : je refuse.

D'AST, soupirant et fronçant le sourcil.

Ah! (Un profond silence :) Je n'ai plus qu'un

raisonnement bien simple à tenir devant vous. (Comme se parlant à lui-même.) Si je laissais la duchesse de Poleastro sortir d'ici et rentrer à Naples, lady Hamilton ferait passer mon nom au comte de Thurn. Le parchemin, chargé de quelques lignes d'accusation, serait revêtu, dans les trois heures, de la signature de lord Acton et timbré du sceau royal. Je serais cerné dans un tel endroit le soir même, arrêté, et je comparaîtrais secrètement devant la chambre ardente du Monte-Oliveto. Le reste serait, dans les vingt minutes, instruit et jugé. Je sortirais de là pour être transféré à Saint-Elme et incarcéré à côté de l'un des moines dont le couvent touche à la prison. La nuit serait tranquille. Au petit jour, dans la cour intérieure, je serais décapité, sous le voile noir, au milieu d'un détachement de dragons. Madame la duchesse, je vais vous passer mon épée au travers du corps.

MORGANE, allumant tranquillement un candélabre à lampe.

Vous croyez.

D'AST, tirant brusquement son épée et se levant.

Sur ma foi de gentilhomme, j'aurai l'honneur de vous enterrer moi-même. Les oubliettes de ce vieux donjon sont profondes : tout sera terminé, pour vous, au petit jour.

MORGANE, saisissant le candélabre et bondissant en arrière.

Chevalier Sergius d'Albamah, défendez-moi !

SCÈNE XII.

MORGANE, LE MARQUIS D'AST, SERGIUS, paraissant, entre eux.

SERGIUS, l'épée à la main.

Plaît-il ?..

D'AST, reculant de stupeur.

Oh !.. qui m'a trahi ?..

MORGANE.

L'ombre.

D'AST, à lui-même.

Pas d'arme à feu !... (Il se précipite vers la torsade et l'agite vivement.) Arrière !.. Le Lieutenant de la forteresse est prévenu par mon coup de timbre. Il monte, les pistolets aux poings ! Sur un signe, il vous fera sauter le front à tous deux !..

SERGIUS, courant sur lui.

Ce démon !..

MORGANE, l'arrêtant.

Le Lieutenant? Vraiment, les dieux sont contre vous, mon cher commandeur! Je l'ai fait jeter aux fers dans la soirée : personne ne viendra.

D'AST, après un silence, à part.

Je suis perdu. (On entend au dehors, le cri des oiseaux de nuit.) L'orfraie!

MORGANE.

Quand le dernier moment d'un homme est venu, cet homme devient obscur pour ceux qui le regardent. Il est couvert sous les deux ailes noires de l'Eternité.

(Nouveaux cris des orfraies, derrière les vitres : Morgane se retourne vers Sergius.)

Chevalier, j'ai l'honneur de vous présenter le marquis d'Ast, un gentilhomme accompli.

(Le chevalier s'incline.)

Marquis d'Ast, j'ai l'honneur de vous présenter le chevalier d'Albamah.

(D'Ast, redevenu maître de lui, s'incline à son tour.)

Vos épées peuvent se toucher.

(Élevant son candélabre au-dessous de sa tête :)

Souffrez que je vous éclaire!..

(Immobile.)

J'attends.

SERGIUS, tombant en garde.

Défendez bien votre manteau, mon gentilhomme : je suis vêtu comme un prisonnier : c'est vous dire que je ne sortirai qu'en l'emportant.

D'AST, fondant sur lui.

Allons !.. qu'on se défende !..

SERGIUS.

C'est la moitié de mon intention.

(Duel. — Morgane élevant son candélabre d'une main et de l'autre soutenant sa toilette de nuit, suit les combattants silencieux dans leurs changements de terrain et les éclaire.)

MORGANE, à voix basse.

Y voyez-vous bien, Messieurs ?..

(Signe de tête affirmatif des deux gentilshommes.)

SERGIUS, au marquis, tout en se battant.

Marquis, dites-moi : les deux chevaux dont vous parliez sont bien reposés, n'est-ce pas ?

D'AST, de même.

Oui, chevalier, pourquoi ?

SERGIUS.

Parce que je compte les faire galoper passablement, cette nuit !

D'AST, tombant.

Ah !.. je suis blessé !

SERGIUS, essuyant son épée.

Vous voulez dire que vous êtes mort.

MORGANE, posant son flambeau et jetant une mante sur ses épaules.

Maintenant, fuyons ! fuyons ensemble !..

SERGIUS, s'enveloppant dans le manteau du marquis d'Ast.

Je suis un proscrit, madame.

MORGANE.

Tu m'as conquise, Sergius !.. tiens, tiens cette lampe, et viens !

SERGIUS, secouant la tête.

Il est dangereux de me connaitre ; m'accompagner est un crime ; vous ne savez pas mon nom.

MORGANE.

J'ai hâte de mêler mes cheveux à la tempête ! tu me diras ton nom plus tard.

(Elle ouvre la petite porte.)

SERGIUS, tenant la lampe.

Madame, c'est votre vie que vous risquez en me suivant!

MORGANE.

Qu'importe!.. je te la donne.

(La toile tombe.)

FIN DU PREMIER ACTE.

ACTE DEUXIÈME.

La salle des Ancêtres, au château de Luz.
Au fond, porte d'honneur, à vitraux, laissant voir en s'ouvrant, un grand escalier de marbre, posé de face avec son perron, au sommet, entouré de balustrades d'où tombent les deux rampes ouvragées.
Au deuxième portant, à gauche, porte; au troisième, fenêtre en ogive aux vitraux à losanges de plomb.
A droite, vaste cheminée de marbre, à grande pendule antique, tenant l'espace compris entre la moitié du premier et tout le second plan; dessus en velours cramoisi : les courtines encadrent deux grandes armures d'acier, aux rehauts de vermeil, appuyées contre les deux colonnes de la cheminée. Au troisième plan, presqu'au fond, porte.
Au-dessus des portes, l'écusson de Luz et de Poleastro, soutenu par les deux griffons de sinople, becqués, onglés et timbrés d'or : devant les portes, tentures de pourpre, longues, lourdes et sans ornements ; couronnes ducales sur les écussons, les tentures et le sommet de l'escalier d'honneur. Sur les murailles, tapisseries de haute lice ; portraits de chevaliers. — Rayons de soleil couchant, dans la salle.
Grande lampe d'or, suspendue au plafond par des chaînettes d'airain. Ameublement noir. Sofa, près l'avant-scène, à droite : coussins; une harpe auprès du

sofa. Magnifiques touffes de fleurs de lys dans des vases de marbre noir, sur la cheminée.

Tapis. Au milieu de la salle, grande table, recouverte d'une housse de velours; sur la table, lampe, carte de géographie, compas; une aiguière, une cruche d'argent et un hanap ancien. Au lever du rideau, LEONE, vêtu d'un costume de page, en velours noir, est assis sur la grande table, un fusil de chasse entre ses jambes pendantes.

SCÈNE PREMIÈRE.

LEONE, seul.

Oh! ce fut à cette minute!.. lorsqu'un rayon de ma torche tomba sur eux près du pont-levis de Città-Lazzara! Sur le manteau du chevalier, j'aperçus des taches de sang. Quel regard!.. Ils fuyaient! je le compris de suite! Comment ai-je sauté en selle? Pourquoi me sembla-t-il naturel de les suivre sans prononcer une parole! Je ne sais pas. Lorsqu'il me vint de penser à cela, nos chevaux s'enfonçaient au galop dans la forêt.

(Il se lève.)

Ainsi, j'ai tout quitté!.. Je suis à elle, maintenant; chez elle! dans le vieux château. — Aimer!.. cela suffit. Je suis heureux de mon sort. Je puis voir son visage qui me fait mourir. (Un silence, il écoute.) On marche près de ce salon?.. C'est sans doute l'enfant qui passe, comme une madone dans les longs corridors et les salons abandonnés, au milieu des meubles pâles.

(Soulevant une tenture et regardant.)

C'est la jeune comtesse : oui, c'est elle! Toujours cette tristesse!.. Elle aussi!..

SCÈNE II.

LEONE, LA COMTESSE SIONE DE SAINTOS. FRANZ, PUIS MORGANE.

Entre SIONE DE SAINTOS, appuyée d'une main sur l'épaule du vieux FRANZ, dont les cheveux sont blancs et bouclés : il porte le pourpoint de soie noire, la chaîne d'acier au cou, le grand bâton d'ébène à la main. Il est sans épée et tête nue. La jeune enfant paraît de dix-sept à dix-huit ans : elle est vêtue de blanc, sans parure, une fleur de lys dans ses cheveux blonds. Elle tient, de son autre main pendante, un bouquet de fleurs et de verdure : elle est pâle ; elle a sur la poitrine une croix d'argent tenue par une ganse noire. Un grand lévrier suit l'intendant et l'enfant, paisible.

LEONE, s'approchant.

Mademoiselle de Saintos veut-elle faire un tour à cheval, dans le parc, en attendant la nuit?

SIONE, s'asseyant sur le sofa.

Merci, Leone. J'attends ici ma marraine. Elle va venir. J'ai cueilli ce beau bouquet pour elle, vous voyez?..

(Leone s'éloigne vers la fenêtre, à gauche, s'accoude et regarde au loin dans la campagne... — A elle-même :)

Oh! les fleurs!.. je ne les aime plus...

(Elle tire de sa poitrine un bouquet séché et ancien : plus bas, à Franz :)

Voici les dernières qu'il vint m'offrir!.. Elles sont bien fanées, je trouve, depuis un an que je les porte; mais elles ont toujours gardé leur parfum, pour moi. Puisque je vais me consacrer à la mort, dès ce monde, je veux donner à la mort ces fleurs des jours heureux. Ma mère était sicilienne; elle repose près de Naples : avant de partir j'irai les jeter sur son tombeau : c'est tout ce qui me restait de la vie!..

FRANZ, debout près d'elle.

Êtes-vous bien sûre, ma chère demoiselle, de ne pas regretter le monde, une fois entrée au monastère?..

SIONE.

Le monde?.. Non. (Se reprenant :) Oh! pardonne-moi, mon bon Franz! Je prierai Dieu pour tous ceux qui m'ont aimée!..

(La comtesse de Saintos se lève, s'approche de la harpe, et, comme par contenance, fait vibrer quelques accords doux et religieux : le lévrier s'est couché à ses pieds : elle chante :)

« Fais que mon cœur soit immaculé
« Pour que je ne sois pas confondue !..

(La porte s'ouvre, au fond de la scène. Morgane, en grande tunique de velours noir, un cercle de pierreries au front, apparaît au sommet de l'escalier de marbre et descend lentement les marches.) Leone s'approche, monte quelques degrés : la duchesse appuie la main sur le poing qu'il lui présente. Ils descendent et se trouvent en scène au moment où Sione achève le second vers. »)

FRANZ, se retirant et hochant la tête.

La douce demoiselle!.. cela devait être!..
(Il sort.)

(Sione se retourne et aperçoit, derrière elle, Morgane, souriante et debout.)

SCÈNE III.

SIONE DE SAINTOS, MORGANE, LEONE.

MORGANE.

Sione me tiendra rigueur!.. Je viens troubler ses cantiques.

SIONE, l'attirant vers le sofa.

Oh! mettez-vous là, que je baise vos cheveux!.. Voyez, ma belle marraine, les roses mousseuses et les fleurs d'olivier que je vous ai cueillies : vous plaisent-elles, dites?..

(Leone s'est éloigné vers la fenêtre, où il reprend son attitude.)

MORGANE, assise et l'embrassant.

Gracieuse enfant!.. merci.

SIONE, à part.

La quitter!.. elle aussi!.. Mon cœur se serre...

MORGANE.

A quoi penses-tu, Sione?

SIONE, à part.

Le moment est venu, du courage!.. (Haut.) Je viens... (A part.) Sainte Vierge!.. (Haut:) Je vous aime bien, marraine, et je viens vous prier de m'aimer encore malgré ce que je vais dire.

MORGANE, rieuse.

Mais, quelle solennité, juste ciel!..

SIONE.

Hélas! pardonnez, et ne me refusez point.

J'y songe depuis longtemps... Oh! je me suis défiée de moi-même, et je vois que c'est immuable.

MORGANE.

Qu'est-ce qui est immuable, mon enfant?

SIONE.

J'ai pris la résolution de me consacrer à Dieu.

MORGANE, après un moment de silence

Chère ange, tu n'y songes pas?.. Sais-tu seulement à quoi tu renonces?

SIONE.

Je sais, du moins, ce que j'espère obtenir.
(Leone quitte la fenêtre et se met à jouer, par terre, avec le lévrier.)

MORGANE.

T'ensevelir à ton âge sous un voile noir!

SIONE, naïvement.

Ce voile m'ira très-bien, ma marraine, je vous assure.

MORGANE.

Moins bien que ta couronne de comtesse; et

cela veut dire que tu aimes encore ton jeune officier inconnu du château de Saintos.

SIONE, tressaillant.

Je vous certifie, ma chère marraine, que, s'il venait me demander ma main, je lui répondrais : il est trop tard.

MORGANE, souriante.

Tu serais inflexible à ce point?

SIONE.

Et vous ne savez pas ce que j'ai souffert à cause de lui! Le soir, lorsque nous allions, en nous promenant, dans la grande allée du château, je l'aimais, parce qu'il était silencieux. Peu de temps avant son départ, il parla, cependant; mais c'était de combats, de rêves, de patrie perdue, de mort glorieuse et désespérée!.. puis, il m'a dit qu'il m'aimait!.. qu'il m'adorait, qu'il me faisait ses adieux, et, sans attendre ma réponse, il partit, me laissant sur le banc des grands tilleuls où nous étions assis, me laissant seule, toute surprise et toute désolée. Je le vis passer, au galop, devant la grille : il se rendait à une bataille; il y est mort, je pense, car il n'est pas revenu et ne m'a jamais adressé de ses nouvelles, après plus d'un an !..

MORGANE.

Tu pensais toujours à lui, n'est-ce pas?

SIONE.

Oh! ce fut une obsession! je ne savais ce que j'avais; par moments, l'air me manquait ; je ne pouvais respirer : je me cachais pour pleurer tout à mon aise.

(Elle se penche sur la duchesse, en sanglotant.)

MORGANE.

Mon enfant!.. mon enfant!..

SIONE, essuyant ses yeux.

Puis, vous êtes venue me prendre, ma marraine ; je vous racontai son arrivée en l'absence du baron de Saintos et l'hospitalité qu'il avait acceptée dans le manoir. Ensuite notre chère Emma nous a visitées : que sais-je !.. nous avons voyagé ensemble; elle me consolait et je vous aimais... puis cela s'est effacé, parce que tout ce qui est de ce monde s'oublie et passe. J'ai cessé de pleurer; j'ai prié avec ferveur; je n'aime plus.

MORGANE.

Ne parle pas de la duchesse d'Hamilton, et, surtout, ne lui confie plus tes secrets, mon enfant : nous nous boudons elle et moi. (Un silence :) Mais, j'ai toujours emporté de cette histoire un sentiment de sympathie pour ce jeune homme et je le crois tout-à-fait digne de ma belle filleule.

SIONE.

Si vous l'aviez vu !

MORGANE.

Je le vois dans tes yeux. Pourquoi n'as-tu jamais voulu me dire son nom ?.. Peut-être est-ce un gentilhomme de la cour ?

SIONE.

Son nom, marraine ?.. C'est mon dernier secret ; je vous le dirai dans le baiser de l'adieu, sous le portail du cloître, le jour...

MORGANE.

Du tout : nous retrouverons ce bel inconnu et tu l'épouseras.

SIONE.

Je n'épouserai personne, pas même lui.

ACTE DEUXIÈME

MORGANE.

Ah! tu ne m'aimes donc plus, Sione?

SIONE.

Marraine, vous me faites pleurer!.. Mais je ne puis oublier le ciel!

MORGANE, à part.

L'oublier?.. Ne dirait-on pas qu'elle s'en souvient? (Haut.) Cher ange, tu me rends jalouse du ciel. J'en veux à tes encensoirs, à tes cierges et aux accords de l'orgue sous les piliers, à ces guirlandes tressées pour les reposoirs de la Madone! Tout cela m'a pris la moitié de ton âme, et tu vas cesser de m'aimer au milieu de ces filles pâles qui marchent silencieusement, sous les voûtes, dans leurs processions nocturnes!..

SIONE.

Pourquoi dites-vous cela?.. Vous restez dans le monde... il faut bien que l'on prie pour vous!.. — et je sais de si jolies prières!..

LEONE, à part.

Pauvre belle enfant!..

MORGANE.

Je t'ai laissée grandir trop solitaire, Sione, et ta résolution ne me surprend pas. Si elle est sérieuse, tu seras libre. (Réfléchissant.) Ecoute, enfant, je vais partir pour Naples; tu m'accompagneras : je veux te présenter à la cour, et, si ton désir persiste huit jours seulement, peut-être te dirai-je : « Tu as raison ! »

SIONE.

Vous pensez que je puis oublier Dieu pour quelques dorures ?..

MORGANE.

Oui.

SIONE.

Oh !.. ma bien-aimée !.. En me rappelant les serments que j'ai reçus, je n'éprouve que de la pitié pour un monde où l'Éternité passe si vite !.. Quand partons-nous ?

MORGANE.

Demain.

(Sione embrasse silencieusement les deux mains de la duchesse, puis se retire par la porte du troisième plan à droite, après s'être retournée et lui avoir envoyé un baiser. Les tentures retombent.)

SCÈNE IV.

MORGANE, LEONE.

MORGANE.

Ainsi nous quittent les enfants ! (Elle demeure pensive : puis, appelant :) Leone !..

(Le page s'approche, tenant la tasse d'argent du lévrier.)

Cinq gentilshommes viendront tout à l'heure ; préviens Franz de recevoir ; ils seront en costume de voyage. Tu les introduiras dans ce salon.

LEONE.

Oui, madame. (A part :) Oh ! ma voix tremble quand je lui réponds !..

(Il sort.)

SCÈNE V.

MORGANE, seule, s'asseyant pensivement.

C'est un rêve de jeune fille !.. le mal n'est pas difficile à guérir et ne tiendra pas devant quelques belles distractions... surtout quand je serai devenue... (Elle s'arrête :) ce que je dois devenir !.. Songeons à la lutte maintenant: elle s'approche !..

(Elle arrange, d'une main, ses cheveux presque dénoués par les caresses de l'enfant; puis, se lève et marche vers la table : elle reste debout, pâle, regardant aux lueurs de la lampe d'or les roses de Sione. Elle les respire et les laisse tomber près d'elle ; puis, s'étirant voluptueusement sur le sofa et griffant de ses ongles la soie des coussins, elle murmure, renversée à demi, les yeux fermés :)

Et moi aussi, j'aime !..

(Après une seconde, elle se lève brusquement et va remplir le hanap jusqu'aux bords, en penchant la cruche d'argent.)

Je m'oublie !.. allons ! des forces ! il va falloir persuader, vaincre ! mon âme est si pleine de langueur et de tant d'amour que mes yeux peuvent à peine soulever leurs paupières.

(Rêvant.) Oh ! la puissance !.. le front illustre ! la gloire !..

(Elle s'asseoit dans le fauteuil, près de la table : puis, tristement, élevant son hanap :)

Je bois à vous, fraîcheur des bois, herbes mouillées ! A vous aussi, roses sauvages qui croissez sous les chênes, énivrées de la rosée qui tombe des lourds feuillages !.. A vous, plages de la mer, où flottent, le soir, les senteurs salées des vagues remplies d'étoiles et qui vous étendez, comme moi, magnifiques et solitaires !..

(Elle s'accoude.)

Mon âme, renforcée de ses anciens élans vers vous, s'est recueillie, dans son amour !.. et si mon sein s'émeut et se soulève, sous un poids immense, c'est qu'il me semble, en ce moment, que je porte des cieux, des océans et des forêts dans ma poitrine !..

(Elle boit le hanap d'un trait; puis, souriante, et regardant la porte par où est sortie Sione :)

Et cette enfant qui s'imagine avoir aimé !.. (Un silence.) Oh !.. si jamais une femme se plaçait entre lui et moi !.. Je ne veux pas y penser, J'aurais alors, je crois, le tact de ceux qui entendent la feuille qui tombe, l'herbe qui pousse et celui des lionnes jalouses qui flairent la proie ou l'ennemi, loin, dans la forêt !

(Elle ferme les yeux : entre Sergius, à gauche ; il soulève la draperie et la regarde un moment.)

SCÈNE VI.

MORGANE, SERGIUS, puis LEONE.

SERGIUS, à lui-même, pensif.

Être libre !.. Être aimé !.. Il faut que j'essaie de lui faire comprendre que cela suffit.

Adieu le trône de mes aïeux, pour elle ! si elle accepte !.. Sinon, ce sera l'affaire du destin.

(Il s'approche doucement et la baise au front.)

MORGANE, lui jetant ses bras autour du cou.

Sergius !.. Ah !.. je pensais à toi !..

SERGIUS, radieux.

Me voici, Morgane, j'arrive.

MORGANE.

Et le voyage ?..

SERGIUS.

J'ai dévoré trente lieues depuis ce matin ; cette nuit, j'ai consulté les notes que tu m'as laissées à Syra : je sais maintenant ce dont il s'agit et quelle sera ma tâche !.. Oh ! ce que tu as rêvé !.. c'est terrible et beau comme le soleil levant !.. J'arrive à temps, n'est-ce pas ?

MORGANE.

Les seigneurs sont en chemin. Dans quelques minutes, je les recevrai.

(Sergius s'asseoit près d'elle, à ses pieds, sur les coussins.)

SERGIUS.

Morgane, je vous contemple, vous par qui

je suis libre !.. Je voudrais faire tenir les joies
et les triomphes dans un de vos instants; je
me perds dans un de vos regards et je donne-
rais toutes nos espérances sublimes, simplement pour mourir le front sur vos genoux !..

MORGANE, brusquement.

Tu n'as jamais aimé, n'est-ce pas?

SERGIUS, surpris, et après un instant.

Non. (Un silence :) Cependant, puisque tu le
demandes, je te dirai qu'un jour une ombre,
une jeune fille a passé devant mes yeux et j'ai
compris que l'on pouvait aimer celle-là !..

MORGANE.

Ah !..

SERGIUS.

J'étais un enfant. Je ne m'en souviens même
plus.

MORGANE.

Tais-toi !.. Je vais te dire. Ceux qui ont passé
dans ma vie n'étaient même pas des ombres.

(Souriante.)

Je ne sais pas si je suis jalouse !

(D'une voix bizarre :)

Regarde cette coupe! les poètes disent que

les grands conspirateurs comme nous s'imaginaient voir souvent, dans leurs festins, le vin qu'ils allaient boire se changer en sang et qu'alors ils pâlissaient et le repoussaient d'horreur. Regarde ce vin! comme il est rouge! comme il roule sa pourpre mystérieusement... Tu m'as demandé si je t'aimais?. Ecoute! Je songe à cette femme, à cette ombre, à cette jeune fille que tu as failli aimer et je regarde ce vin!

(Rembrunie :)

Oui, je comprends l'idée sombre des poètes!.. Je crois que c'est du sang!..

(Se renversant avec mollesse, et buvant :)

Je bois, cependant!.. avec délices!...

SERGIUS, exalté.

Si tu portais le thyrse aux fleurs d'or, si tes cheveux étaient entrelacés de lierres, tu serais pareille à ces belles faunesses qui couraient dans les bois et se laissaient tomber sur les mousses, avec toute la grâce des panthères cruelles, lèvres entr'ouvertes, joues touchées par les raisins sauvages, ivres d'amour, de liberté et de soleil!.. Que tu es belle! quand j'écoute le timbre sombre et charmant de ta voix, je crois entendre, au lointain, les appels du tambour des bacchantes qui dansent dans les clairières et qui sacrifient, sur des brasiers, des lys et des aphodèles aux lueurs des étoiles!.. Vois-tu, je t'aime follement, ma belle duchesse!..

MORGANE.

Et si Morgane se lève couronnée d'un diadème, tenant le sceptre au lieu du thyrse, et si la pourpre des raisins sauvages se transforme sur elle en pourpre royale, l'aimeras-tu de même?

SERGIUS.

Que tes bras se referment et je serai le roi de tes royaumes! Quels cris de gloire valent le silence de ton sein? A quoi bon tout le reste? (Souriant :) Pour ce cœur triste, la pourpre des rois ne vaut pas celle de tes lèvres!..

MORGANE.

Je te dirai, Sigismond, que la puissance est quelque chose. Lorsque tu es advenu dans ma vie criminelle, un moment j'ai pensé que ton amour allait étendre avec moi le repos et la nuit, que j'allais m'y ensevelir avec mes rêves comme les reines persanes au sein de leurs pierreries! Eh bien, ton amour a triplé ma soif et mes forces : j'ai la fièvre du trône!..

SERGIUS.

Si tu m'en croyais, nous saurions garder pour nous seuls les restes de nos destinées!.. et moi aussi j'ai désiré la gloire, la puissance et l'immortalité!.. alors, je ne t'avais pas vue.

MORGANE.

Ne me tente pas!.. ne me dissuade pas!..

SERGIUS.

Abandonnons les trésors de la Sicile! Il est des îles merveilleuses, encore!.. Il est de douces forêts où le vent caresse le soir le feuillage humide, où, dans l'oubli des nuits divines, les grandes fleurs de ces pays magnifiques épanchent les parfums qui font aimer! Connais-tu les attraits de la mousse à l'ombre des lauriers-roses, près de la maison qui abrite l'exil, la maison éloignée des palais?.. Oh! si tu savais les enchantements créés par la solitude, la paix profonde et le rêve où l'on marche ensemble!..

MORGANE.

Ne parle pas, je t'en supplie, tu me fais mourir!..

SERGIUS.

Il ne reste plus assez de place dans mon

cœur pour l'ambition humaine!.. tu me suffis.

MORGANE, avec une stupeur d'admiration.

Quoi!.. tu ne commanderais pas des armées!..

SERGIUS.

Ne réveille pas ces pensées en moi!.. Si j'étais seul, encore, au milieu de ce sinistre engagement!.. Mais je te vois jouer, sans vertiges, avec de tels périls, que je me surprends, en songeant à la défaite qui me serait indifférente, à trembler pour toi comme un enfant.

MORGANE, se levant.

Et j'aime ces transes terribles que tu ressens à cause de moi!.. Non! périsse tout, excepté notre amour, plutôt qu'une mort inglorieuse!.. nous vaincrons, te dis-je, et l'heure va sonner!

SERGIUS, grave et lui posant la main sur l'épaule.

C'est toi qui l'auras voulu.

LEONE, annonçant.

Milord James Pembroke!.. Le comte Diomède Ricci!..

MORGANE.

Prie ces deux seigneurs d'attendre!.. (Leone se retire:) Les dés sont jetés.

(Elle joint ses mains sur l'épaule du chevalier, et le regardant, passionnée :)

Viens! il faut que je te dise!..

(Ils sortent ensemble, à gauche.)

SCÈNE VII.

Lord PEMBROKE, le comte DIOMÈDE RICCI, LEONE.

LE COMTE RICCI, vêtu de soie blanche : jeune courtisan.

Nous attendrons!.. Eh bien, milord!.. en dépit de quelques broussailles bizarres que les naturels de ce pays ont le front d'appeler des fleurs, ces contrées n'ont rien de commun avec la terre promise, n'est-ce pas?.. Quelles régions horriblement sauvages!.. Vous avez fait route avec le baron de Saintos!.. Ah! ah! l'Amiral?.. Triste compagnon! bête à s'en réveiller la nuit! Avez-vous rencontré de jolies filles, au moins?.. Eh! eh! Saintos est amateur!..

LORD PEMBROKE, jeune gentleman blond, correct et froid.

Mais, nous nous sommes arrêtés deux heures au château de la baronne de Saintos, à laquelle il m'a fait l'honneur d'une présentation sans cérémonie, comme de raison.

LE COMTE RICCI.

Son mari la prétend d'une élégance !.. Il en est même impertinent. Dois-je vous féliciter ?..

LORD PEMBROKE, tranquille.

Quarante-six printemps, à peine !

LE COMTE RICCI, reculant.

Mort et furies !..

LORD PEMBROKE.

Les lèvres fort ombragées, ma foi, sous un grand diable de nez en éventail !..

LE COMTE RICCI.

Par l'enfer !..

LORD PEMBROKE, sans s'émouvoir.

A table, elle a fait preuve, avec une naïveté d'enfant, de connaissances assez étendues, la conversation ayant particulièrement roulé sur l'âge et le crû des vins. Le curieux est que Saintos, qui me paraît avoir, également, brillé au rang des connaisseurs, raffole de cette Muse improvisée! Leur existence est une idylle! Il en perd la tête! Jusqu'à la jalousie! — Chose sans bornes : il est persuadé que je suis, moi-même, sous le charme : au dessert, il me lançait des regards presque farouches. L'aventure m'a beaucoup diverti. Quant à la baronne, c'est, positivement, à lui envoyer une cuirasse le jour de sa fête!

LE COMTE RICCI, éclatant de rire.

Ah! Ah! cet excellent Saintos!.. Un intrépide marin, toutefois! Il est des nôtres ; nous allons nous mettre en gaîeté. Les demoiselles d'honneur le plaisantent, à la cour, de la façon la plus folle, sur le séquestre et l'incognito de sa femme!.. Peste! je me l'explique maintenant!.. Ah! ah! ah!..

LEONE, annonçant.

Le comte Ettore de Montecelli!.. Le chevalier Luigi d'Assunta!

SCÈNE VIII.

Les précédents, LE CHEVALIER d'ASSUNTA,
LE COMTE DE MONTECELLI,
puis LE VICE-AMIRAL SPECIALE.

MONTECELLI, jeune et brillant seigneur, allant à eux.

Enchanté de vous trouver ici, Messieurs !..
(On se serre les mains).

LE COMTE RICCI.

Bonsoir d'Assunta ; madame la duchesse de Poleastro nous recevra dans un instant.

LORD PEMBROKE, à voix basse, montrant Leone.

Connaissez-vous ce page ?

D'ASSUNTA, jeune officier d'artillerie, de même :

Non, milord.

LORD PEMBROKE, de même.

Alors... pas un mot sérieux devant lui !..
(Signe de tête d'adhésion chez les gentilhommes).

LE COMTE RICCI.

Le baronnet, quand vous êtes entrés, achevait d'éteindre en moi, relativement aux femmes, toute échappée sur l'idéal!.. Montecelli, c'est affaire à vous! un peu de poésie! Soumettez-nous, comme réconfort, votre dernier sonnet sur cette jeune Sicilienne quasi-céleste, millionnaire et un peu phtisique, ce qui ne gâte rien!..

MONTECELLI.

Messieurs, je ne rime plus. Les rimes sont toujours *insuffisantes* en amour : reconnaissez-le bien! un sonnet, mille sonnets! n'ont jamais conduit personne à la victoire.

LORD PEMBROKE, sentencieusement.

En effet... Pétrarque...

MONTECELLI.

Poésie et femme? Deux ennemis mortels! Plaire au physique! c'est le secret. Il faut luire, captiver, enlacer, miroiter, étinceler! Au fond des choses, croyez-moi, la femme n'a jamais aimé que le serpent.

LE COMTE RICCI, à cheval sur une chaise, et souriant.

Allons : tu veux me désenchanter aussi, comte?.. Jadis tu me vantais le bon sens nécessaire pour se tenir dans les nuages, et tu célébrais la candeur de ta maîtresse sur le mode platonicien !..

MONTECELLI.

Oh ! j'en suis revenu ! Les petites saintes, une fois amoureuses, avec leurs robes blanches, se suspendent aux crocs de nos moustaches comme des glaçons pendant l'hiver !.. Foin de ces idées sentimentales !

D'ASSUNTA.

Ettore a raison, Messieurs. Quant à moi je m'inquiète, sans excès, de ce que les dames de la cour doivent penser de notre disparition subite ! A l'action ! au pouvoir ! aux épées ! Il faut agir, que diable ! une fois dans sa vie !..

SPECIALE DE SANTOS, entrant sur ces derniers mots.

Avec maturité. (Il frappe doucement sur sa tabatière).

SCÈNE IX.

Les précédents, LE VICE-AMIRAL SPECIALE DE SAINTOS, puis MORGANE.

D'ASSUNTA, se détournant.

Saintos !.. Nous sommes le nombre : résumons-nous :

(Les cinq gentilshommes se rapprochent :)
(Continuant à voix basse :)

Vous savez ce qui va se discuter ici tout à l'heure, messieurs ?

MONTECELLI, de même.

Sans doute : un royaume !

LE COMTE RICCI.

Oh ! toi, d'abord, comte, tu ne risques pas autant que nous !

MONTECELLI.

Cependant, ma tête est aussi précieuse, pour moi, que les vôtres, il me semble !

LE COMTE RICCI.

C'est possible ; mais, comme, en ta qualité de poète, tu dois déjà l'avoir aux trois quarts perdue...

SPECIALE DE SAINTOS, à part, amèrement.

Un poète ? C'est dommage : il avait l'air d'un jeune homme capable.

LORD PEMBROKE.

Il serait d'un goût douteux de plaisanter avec le bourreau, messieurs : si ce n'est pas le triomphe, ce sera la mort : point d'illusions là-dessus.

(Morgane soulève une tenture, à droite et les écoute.)

LE CHEVALIER D'ASSUNTA, pensif.

Sera-ce le triomphe !

LEONE, à la fenêtre, montrant le ciel.

Oh ! voyez donc, messieurs !.. le soir est couleur de sang !..

(Tout le monde tressaille.)

MORGANE, vivement.

Pardonnez-lui, mes gentilshommes !.. (Montrant l'Occident :) Cet enfant n'a jamais vu de manteau royal !

MONTECELLI, s'avançant.

Duchesse, nos devoirs !..

(Les conjurés ont ôté leurs manteaux et après de cérémonieuses révérences, se sont rapprochés de la duchesse.)

MORGANE.

Recevez mes remerciements, messieurs : pour si éloignés que vous soyez du château de Luz, vous êtes exacts !

(A Leone :)

Ferme les portes et que personne, excepté

Franz ou la comtesse de Saintos ne se promène autour de la salle.

(Leone s'incline, fait retomber les tentures et sort :)

Asseyez-vous, je vous prie.

(Les conjurés sont assis autour de la duchesse. Un silence profond règne pendant une minute. Les visages sont pensifs et graves. Morgane déploie la carte de géographie sur la table.)

SCÈNE X.

MORGANE, ETTORE DE MONTECELLI, LUIGI D'ASSUNTA, LORD JAMES PEMBROKE, SPECIALE DE SAINTOS, LE COMTE DIOMÈDE RICCI, puis SERGIUS.

MORGANE.

Messieurs, voici la carte de Naples. — Je serai brève et précise. — Vous savez ce dont il s'agit. Tout est désormais défini, prévu, organisé. Le résultat de ce coup de main contre le trône même des Deux-Siciles sera pour vous ce que vous demanderez : pour moi ce sera le changement d'une dynastie. J'attends vos questions et j'espère les résoudre l'une après l'autre. — Parlez Monsieur de Montecelli !..

MONTECELLI.

Avant tout, madame la duchesse, constatons

que chacun de nous est redevable à votre puissante bienveillance du poste élevé qu'il occupe dans les affaires : nous sommes donc assurés de votre prudence, et, sans le connaître, nous admettons, comme devant être d'une valeur presqu'absolue, le projet de révolution que vous daignez nous soumettre. Procédons par ordre : nous commencerons par vous présenter les objections relatives à la politique européenne ; nous contrôlerons ensuite la conception du complot pris en lui-même. — Est-ce votre avis, messieurs ?

TOUS LES CONJURÉS.

Oui ! très bien !

MORGANE, jouant avec le compas.

J'attends, monsieur le comte.

MONTECELLI.

En supposant le triomphe en Sicile, quelle sera, d'abord, l'attitude de la France, par exemple, vis-à-vis de nous ?..

MORGANE.

En principe, messieurs, il est radicalement impossible à l'intelligence humaine de prévoir ce qu'un rien peut modifier : pour quiconque lit cent pages d'histoire, il demeure bien démontré que les évènements ayant prévalu, sont précisément ceux qui, au point de vue de la logique et de la raison, étaient les plus inattendus et les plus étranges. Je ne réponds pas du hasard. Cela posé, je vais essayer de vous prouver que la situation actuelle semble, en toute logique, favoriser d'une manière positivement exceptionnelle, un changement de gouvernement en Italie. (Au comte de Montecelli :) La France, dites-vous ?.. Mais elle s'est révoltée, elle-même !.. Le Roi, la princesse, la Reine, sont prisonniers au Temple! Le Gouvernement provisoire de Paris n'a pas le temps de s'occuper des troubles de la Sicile ; l'Europe va s'armer contre les Français !.. Les Français, en attendant, s'imagineront volontiers, que nous les imitons et nous donneront leur assentiment fraternel : c'est tout ce qu'ils peuvent faire, en ce moment, pour ou contre nous : passons !

LORD PEMBROKE.

L'Angleterre a été, jusqu'à présent, favorisée par le gouvernement de lord Acton...

MORGANE.

Milord !.. Décidément un peuple commercial appartient au plus offrant. L'Angleterre est inquiétée par la Bretagne et par le Nord ; les transfuges et les gentilhommes de France l'encombrent pour éviter l'échafaud ; les Indes sont agitées ; les escadres d'Asie ont reçu les ordres du Parlement ; la guerre contre la France est imminente... Or, pour se soutenir d'un côté contre les armées révolutionnaires, de l'autre, contre les peuplades indiennes, de l'autre, contre les mécontents d'Irlande et les vagabonds intérieurs, l'Angleterre, selon toute apparence, ménagera ses ressources et n'en risquera point en Sicile : neutralité temporaire et forcée de ce côté-là.

LE COMTE RICCI.

L'Autriche ?

MORGANE.

L'Autriche est une alliée, sans le savoir. Elle verra, sans déplaisir, de nouvelles discordes à Naples et temporisera pour l'intervention armée, espérant profiter plus tard de la faiblesse d'une nouvelle dynastie pour étendre ses possessions italiennes.

SPECIALE DE SAINTOS.

Mais l'Espagne ?

(Morgane, en répondant, promène son compas sur la carte.)

MORGANE.

La Péninsule est distraite par les Antilles, le littoral Sud et l'Amérique ; elle est troublée aussi par la Révolution française ; elle ne peut intervenir sans de nouveaux traités avec les Puissances, ce qui exige du temps.

D'ASSUNTA.

Et Rome ?

MORGANE.

Rome a tressailli au souffle de liberté qui passe déjà, la nuit, sur le sommeil des rois !.. (Relevant la tête.) D'ailleurs, messieurs, s'il faut la guerre ; eh bien ! nous ferons la guerre !.. Rien, vous le savez, n'excite un peuple à conserver un gouvernement nouveau, comme de voir les étrangers vouloir le forcer d'en accepter un autre et se mêler de ses affaires ; la guerre nous consoliderait, loin de nous perdre ! et pour le surplus, nous saurions la soutenir aussi bien, je pense, qu'un lord Acton !.. (Les conjurés se consultent du regard.)

MONTECELLI.

Tout cela, duchesse, nous paraît supérieurement aperçu : comme vous dites : Vienne la la guerre !..

D'ASSUNTA.

Le complot ! Le complot !

SPECIALE DE SAINTOS.

Oui ! Oui ! Examinons les moyens d'explosion dont nous pouvons disposer !..

MORGANE.

Ces moyens les voici ! Vous êtes vice-amiral, monsieur de Saintos !.. Monsieur le chevalier d'Assunta commande, en second, le fort Saint-Erasme; monsieur le comte Ricci, vous êtes écuyer du roi; vous avez, milord, votre yacht de plaisance monté par cinquante marins d'Angleterre dévoués et choisis; vous enfin, monsieur le comte de Montecelli, vous êtes chambellan de la Reine; moi, j'ai, depuis trois années, amassé cent mille sequins. Veuillez, maintenant, présenter le problème du soulèvement monsieur d'Assunta.

D'ASSUNTA.

Il nous faut d'abord une émeute, pour couvrir la mort du Roi, pour légitimer celle de lord Acton et porter le poids de toutes les exécutions particulières auxquelles il nous faudra faire face. Le trouble et l'effroi de la cour, causés par cette émeute, seront faciles à persuader; l'homme inconnu et mystérieux qui, d'après vos paroles, est derrière vous, madame, sera considéré comme un véritable sauveur. Le problème est donc de créer cette émeute, inconsciente d'elle-même et de ses résultats, instantanée sur un signe, éclatant sur différents points de la ville, inattendue, toujours prête, et sans trahison possible.

MORGANE.

J'ai résolu ce problème et je m'étonne que la solution vous en ait échappé si longtemps, Messieurs!.. Elle est simple et tient dans un seul mot.

LORD PEMBROCK.

Lequel?

MORGANE, après un silence.

La famine.

(Mouvement de surprise et d'hésitation parmi tous les conjurés.)

SPECIALE DE SAINTOS, se récriant.

La famine!.. A Naples! instantanée!.. Ah! par exemple.

ACTE DEUXIÈME

D'ASSUNTA.

Et les greniers!..

MONTECELLI.

Et les vaisseaux d'approvisionnements!..

LE COMTE RICCI.

Et les provisions d'aliments!..

LORD PEMBROKE.

Impossible!..

MORGANE.

Il est vraiment singulier, Messieurs, que vous me supposiez capable de prononcer le mot famine, moi qui, depuis trois années, y songe toujours, sans avoir vu et approfondi les premières difficultés qui vous sautent aux yeux immédiatement!.. mais, je m'y attendais. Votre entendement est absolument conquis par une idée secondaire, inhérente pour vous au mot famine, et qui, pour moi, en est tout-à-fait distincte. C'est l'idée de *durée*. Il n'est aucunement nécessaire que la famine *dure* longtemps, puisqu'il ne nous faut que trois heures d'émeute sérieuse pour tout accomplir!.. Il y a, là-bas, au Pausilippe, à la Mergellina, à Civittà-Castellana, à la strada San-Giovannino, trente mille lazzarone qui ne s'en serviront même que comme d'un prétexte pour marcher sur la Villa-Reale.

MONTECELLI.

Soit; mais encore faut-il...

MORGANE, à Saintos.

Monsieur le vice-amiral, pouvez-vous me dire, à un jour près, quand les vaisseaux d'approvisionnements seront en vue, dans le port de Naples?

SPECIALE DE SAINTOS.

Le 20 février, madame la duchesse : le premier jour du carnaval!

MORGANE, pâle et les regardant tous.

Alors, Messieurs, je vous annonce la révolution de Sicile pour le matin même. Vous avez dix jours pour mettre ordre à vos affaires. Voici le complot :

(Les conjurés écoutent avec une attention profonde.)

Le 19, à dix heures du soir, M. le comte de Montecelli, chambellan de la Reine, prendra sur lui d'annoncer, en audience extraordinaire, chez Sa Majesté, Son Excellence le vice-amiral.

(S'adressant à Saintos :) Vous obtiendrez, à la minute, un retard d'un jour d'entrée pour les vaisseaux, à cause du temps et des dangers du mouillage. La Reine signera. Lord Acton n'étant pas au palais ce soir-là, mais au bal masqué de l'envoyé de Florence, —[la duchesse de Menteleone, qui s'y trouvera invitée, l'y retiendra], — lord Acton, dis-je, ne sera pas averti, de suite, de cette signature. Le retard de ces vaisseaux serait de peu d'importance, en lui-même : mais lord Acton, spéculant précisément sur leur entrée le lendemain, aura donné l'ordre la veille, — [le 19, toujours,] — de faire fermer les greniers de l'Etat, afin de profiter de la hausse où se trouveraient, par suite de cette clôture, les approvisionnements étrangers de ces vaisseaux ! Cela, Messieurs, serait pour lui d'un bénéfice d'environ quatre cent mille francs, réalisé à l'insu de tout le monde, même et surtout de la Reine. Maintenant, le 19 au soir, également, je ferai négocier et enlever, pendant toute la nuit, les provisions des trois principaux quartiers sud, de Naples, par des gens à vous et à moi, à l'aide de mes cent mille sequins !.. De sorte que Naples, le 20 au matin, se réveillera les greniers fermés, les vaisseaux d'approvisionnements que l'on attendait, hors de vue, les provisions immédiates des trois quartiers populaires disparues, lord Acton et la Reine endormis et fatigués de la fête, la Villa-Reale ignorant ce qui se passe et nos trente mille lazzarone, exactement à jeun, travaillés par une centaine de meneurs et de marchands mécontents!..

D'ASSUNTA.

Mais, milord Acton,, dès les premiers cris, donnera l'ordre immédiat d'ouvrir les greniers!..

MORGANE.

Et M. le Comte Dioméde Ricci, écuyer du roi, sera debout, ce matin-là, dans l'antichambre de milord Acton, et recevra cet ordre; mais loin de le porter à destination, il viendra nous rejoindre, ce qui nous fera gagner une heure décisive, au moins. — Le peuple se portera vers la Villa-Reale avec des cris de mort et des mains armées !..

LE COMTE RICCI.

Mais les troupes?..

MORGANE.

Descendront du Pausilippe! Le peuple, pris entre les soldats et la forteresse serait dans une position misérable, en effet, si M. d'Assunta n'était pas lieutenant du saint-Erasme et, par un tir savant, n'envoyait ses boulets par dessus la canaille, décimer les soldats du Roi !.. L'émeute.continuera de grossir, de monter, la manœuvre des canons de Saint-Erasme paraîtra dûe au trouble du premier moment..

SPECIALE DE SAINTOS.

Mais, enfin, le Roi, la Reine, la princesse Horatia, lady Harte et lord Acton peuvent se déterminer à fuir de suite, vu la soudaineté du danger croissant !..

MORGANE.

Je l'espère bien !.. Ah ! çà, monsieur de Saintos, dans quel but voudriez-vous donc que nous fissions une émeute pareille si ce n'est précisément en vue de celui-là ?..

SPECIALE DE SAINTOS.

Eh bien, ils fuiront et reviendront, de suite, avec une douzaine de mille hommes nous écraser !..

MORGANE.

Vous oubliez une chose; ils fuiront : soit (Sinistre :) Par où? par l'une des quatre issues secrètes de la Villa-Reale; or, à l'extrémité de chacune d'elles ils tomberont sur un poste des marins anglais de lord Pembroke, qui, — sans les connaître, — feront feu sur eux, à coups de carabine!... Cinq minutes après, la place sera libre.

LE COMTE RICCI, avec un frisson.

Oh! c'est effrayant!...

SPECIALE DE SAINTOS.

Mais s'ils ne fuient pas!..

TOUS LES CONJURÉS.

Oui!.. S'ils ne fuyaient pas?..

MORGANE.

S'ils avaient cette profondeur?.. (Froidement:) Eh bien, Messieurs, s'ils ne fuyaient pas, nous serions décapités tous les six, voilà tout.

(Un silence.)

Allons!.. soyez tranquilles. Ils fuiront!.. Vous oubliez que j'ai cent moyens secondaires pour les y pousser, et que je serai là!..

SPECIALE DE SAINTOS.

Mais s'ils font dire au peuple?..

MORGANE.

Dire quoi? Au milieu des pétillements de la fusillade, des hurlements, et des canons!.. Perdez-vous le sens, mon cher Saintos?

D'ASSUNTA.

Si, dans une sortie, ils font prisonniers quelques-uns des chefs?..

MORGANE.

Quels chefs?.. Il n'y aura d'autres chefs que nous! Personne ne saura rien et l'on se battra, vous dis-je, avec un acharnement d'autant plus terrible que, de part et d'autre, personne ne saura réellement pourquoi. Les meneurs se poussent, crient et marchent! Ils ont des jambes, des bras et un coutelas; avec cela on fait bien des choses. (Les conjurés se taisent, stupéfaits:) Messieurs, c'est infaillible : le reste va de soi; nous suivrons, dans le détail, l'inspiration du moment. Je défie de me présenter désormais une objection sérieuse. Le plan du complot, de l'insurrection et de son but me paraissent suffisamment discutés, passons à la troisième et dernière question.

MONTECELLI, solennellement.

Madame, vous nous voyez dans l'admiration, le saisissement et la résolution. Votre audace est de celles qui s'imposent et qui entraînent : nous sommes prêts à mourir. Si nous acceptons de tremper dans ces combinaisons funestes, c'est aussi par enthousiasme pour votre génie!.. Avec vous la victoire, sans vous la défaite. Avec nous, le relèvement de la patrie!.. S'ils faut du sang pour cela, que ce soit le nôtre ou celui de nos concitoyens, nous sommes prêts à le faire couler. Si nous sortons de la mêlée riches et glorieux, tant mieux pour nous, cela est juste!

(Ici paraît, au fond de la scène, SERGIUS D'ALBAMAH vêtu de noir, magnifique, le cordon violet au cou, la main sur la garde de son épée.)

Sinon, nous ne regretterons qu'une chose à nos derniers instants, ce sera de voir tomber, perdue pour l'admiration du monde, une tête aussi belle que la vôtre!..

TOUS LES CONJURÉS.

Bravo, Ettore!

MORGANE.

Messieurs, vous me remercierez le 21 au soir, dans la salle du Trône. Du calme, en attendant. Décidons encore la dernière question ! Le sceptre est donc libre ; la cour bouleversée ;

nos amis et affidés, nos créatures enfin, parlent et obéissent ; mais il faut quelqu'un à notre tête ; il faut que de nouvelles mains osent toucher le manteau royal ; qu'un front nouveau ceigne le bandeau suprême et qu'une voix forte commande !..

TOUS LES CONJURÉS.

C'est vrai ! C'est vrai !..

LE COMTE RICCI.

Mais qui prendra la place libre ?.. qui la demandera !..

SCÈNE XI.

LES PRÉCÉDENTS, SERGIUS D'ALBAMAH.

SERGIUS D'ALBAMAH, s'avançant, d'une voix forte et tranquille.

Moi, Messieurs.

(Les conjurés se retournent, l'aperçoivent, et terribles, dégainant tous, ils se précipitent et l'entourent, leurs épées nues sur sa poitrine.)

TOUS LES CONJURÉS, farouches.

Qui es-tu !.. Nous sommes trahis !..

SERGIUS.

Silence!.. Un trône se prend et ne se demande pas.

(Il marche ; les épées s'abaissent.)

Monsieur de Saintos, je vous fais grand-amiral, prince de Bénévent et commandant en chef des forces navales de Sicile; monsieur le comte de Ricci, je vous fais président du conseil de la Junte, ministre de la guerre et grand-cordon des ordres ; monsieur le comte de Montecelli, je vous fais duc de Castellamare et chancelier du royaume ; monsieur le chevalier d'Assunta, je vous nomme grand-maître de l'artillerie et gouverneur général des forteresses de l'État ; milord Cleesbur, je vous ferai nommer ambassadeur d'Angleterre à Naples, grand-commandeur de Charles III d'Espagne, et je vous obtiendrai la main de la duchesse de Fitz-Hartz.

MORGANE, se levant, grave.

Vive le Roi !..

TOUS LES CONJURÉS, se découvrant et agitant leurs épées.

Vive le Roi !..

SERGIUS, tirant son épée et l'étendant au milieu d'eux ;

Jurez-moi soumission sur ce glaive, Messieurs.

DEUXIÈME ACTE

TOUS, glaives étendus :

Nous jurons !..

SERGIUS.

Il suffit. (Remettant son épée au fourreau :) Tout est bien arrêté, n'est-ce pas ?..

MORGANE.

Oui, tout !.. (Elle le regarde avec une admiration exaltée et les yeux brillants.)

SERGIUS, calme, descendant au bord de l'avant-scène, à gauche.

Alors, reprenons nos masques en attendant la victoire !.. Je vous donne rendez-vous à Naples, à la Villa-Reale, le 20 février, au matin. — Maintenant, la séance est levée.

TOUS LES CONJURÉS.

A Naples ! A Naples ! A Naples !.. (Morgane remonte la scène vers la porte du fond.)

SCÈNE XII.

LES MÊMES, SIONE DE SAINTOS.

SIONE, entr'ouvrant la porte.

Oh !.. pardon !.. (Elle veut se retirer, confuse, à la vue de tout ce monde.)

MORGANE, la prenant par la main et la conduisant près de l'amiral.

Entre, chère enfant !.. Voici ton oncle, le baron de Saintos, qui veut t'embrasser avant son départ !..

SIONE, toute joyeuse.

Ah ?.. (Au baron de Saintos :) Quoi ! c'est vous !.. mais embrassez donc votre enfant !.. (Elle l'embrasse.)

SERGIUS, à part, tressaillant.

Quelle est cette voix !.. Est-ce que je rêve ?..

SIONE, causant avec Saintos.

N'est-ce pas, je suis devenue grande ?.. Vous ne me reconnaissez pas? C'est moi! votre petite Sione, cependant !.. Comme c'est méchant d'oublier ceux qui vous aiment !..

SERGIUS, à part.

Sione !.. Je me trouble ! O ciel !..

SPECIALE DE SAINTOS, à Sione.

Ma nièce, je vous apporte un présent pour le fiancé que Dieu vous a choisi !

MORGANE, descendant la scène vers Sergius, à part.

Ce traître en cheveux blancs qui ose parler

de Dieu !.. (A Sergius :) Que dites-vous, seul, à voix basse, ô mon prince !.. mon bien-aimé !

SERGIUS.

Rien... Je me demande quelle est cette jeune fille qui cause dans l'ombre, avec l'amiral ?.. Je ne la distingue pas bien ; non, cette lampe m'aveugle !.. Je ne vois pas bien les traits de son visage !

MORGANE, souriante.

Se peut-il que je ne t'en aie pas encore parlé ! C'est ma belle enfant ! ma filleule que j'aime éperdûment, oh ! comme si j'étais sa mère ! C'est la douce petite Sione ! Vous avez donc pris toutes mes pensées, que j'ai oublié de vous le dire ! Venez : Je veux vous présenter l'un à l'autre : vous son frère aîné et son royal cousin !

SIONE, s'approchant.

Vous veillez tard, belle marraine, et vous avez une compagnie nombreuse pour le château... — (A part) : — Quel est donc ce jeune homme qui se détourne ?.. — (A la Duchesse) : — Ne me donnerez-vous pas le baiser de la nuit ?

SCÈNE XIII.

Les précédents, LEONE.

LEONE, aux conjurés qui mettent leurs manteaux.

Les chevaux tout sellés sont dans la cour et vous attendent, Messieurs!

SIONE, apercevant Sergius.

O mon Dieu! (Elle se trouve mal et tombe sur une chaise, les yeux fermés.)

SERGIUS, froidement et s'approchant de Sione.

Qu'a donc cette jeune fille, Morgane?
(Il s'agenouille près d'elle et lui prend la main.)

MORGANE, lui donne un flacon.

Peu de chose : elle est faible et sujette à cela : ce n'est rien. — Ayez la bonté de vous éloigner un peu, messieurs!

SIONE, oppressée.

Je souffre, mais je vais mieux.
(Après un long regard de Sergius à Morgane.)
C'est passé.

(MORGANE se détourne vers les seigneurs, comme pour les rassurer et les accompagner ; LEONE, éloigné, regarde SIONE et SERGIUS ; puis, surprenant leurs regards, il tressaille.)

LEONE, à part.

Ils s'aiment!

(La toile tombe.)

FIN DU DEUXIÈME ACTE.

ACTE TROISIÈME.

Le grand salon de la Reine, au Palais-Royal de Naples.
Les pans coupés des 3es plans, à droite et à gauche, laissent voir les autres salons, remplis, vers la fin de la 1re scène, de seigneurs et de dames en costume de carnaval.
A droite, 1er et 2e plans, le mur du palais forme portique sur l'entrée bordée d'un balcon de jaspe des terrasses de fleurs qui donnent sur la Chiaja. Des aloès et des rosiers de Smyrne dépassent un peu. Une statue antique d'Hermès est placée à l'angle du 3e plan, où recommence le mur de marbre.
A gauche, depuis la deuxième moitié du 1er plan jusqu'au 3e, estrade sur laquelle s'élèvent les deux trônes de velours écarlate, surmontés du dais royal aux armes de Sicile. Des pliants et des tabourets d'ivoire sont disposés sur les degrés de l'estrade, qui s'avance en scène en prenant le quart de la longeur du théâtre. — Au fond, au milieu, porte.
Tapis : tentures d'étoffes d'Orient : lustres éteints.
Au lever du rideau, la Reine MARIE-CAROLINE est assise, à gauche, au premier plan, entre deux de ses dames d'honneur. L'une d'elles tient un miroir ; elle est assise sur un coussin au pied de la Reine : l'autre présente un coffret de rubans et de pierres précieuses.
Milady HAMILTON et la duchesse MORGANE, toutes

deux en costume de cour, en hermines et en parures ducales, jouent aux échecs sur un petit guéridon au milieu de la scène : le comte de Montecelli, habillé en fou, mi-partie de soie blanche et bleue, avec sonnettes, se tient debout, une folie à la main, entre les deux duchesses. — Il n'est pas midi.

SCÈNE PREMIÈRE.

La Reine MARIE-CAROLINE, Lady HAMILTON,
MORGANE, La Princesse HORATIA SOFONISBA,
La Chanoinesse EUFRASIA TORELLI,
Le Comte DE MONTECELLI.

LA REINE, achevant sa parure.

Monsieur de Montecelli, vous ferez disposer les musiciens et les jongleurs sur les terrasses pompéïanes.

(Se détournant :)

Non, Horatia : ces rubans de pierreries dans mes cheveux, plutôt.

LADY HAMILTON, souriante, froide et trainant ses paroles.

Laissez. Je veux vous féliciter encore au sujet de cette mission dans les Calabres, duchesse!.. Ce portefeuille contenait des notes indispensables à la sécurité du chevalier Acton et je craignais qu'elles ne fussent égarées... — C'est toujours à vous de jouer. — — Et nulle fâcheuse rencontre ?..

MORGANE, jouant.

Aucune, milady.

MONTECELLI.

La duchesse d'Hamilton perd, sur le coup, son évêque noir.

LADY HAMILTON.

En effet, cette défense de la tour est merveilleuse...

LA REINE, de loin, à lady Hamilton.

Vous savez que le Roi doit ouvrir, lui-même, ce matin, le carnaval de Naples, Lyonna ?..

LADY HAMILTON, dépliant son éventail.

Et, selon toute espérance, Votre Majesté aussi ?..

LA REINE.

Oh ! nous obéissons à la belle fantaisie d'un prince qui applaudissait hier encore, en personne, à San-Carlo, la musique de Lulli. — Vous n'y étiez point, Morgane ?..

MORGANE.

Je n'étais pas à Naples, Madame.

LA PRINCESSE HORATIA SOFONISBA.

Depuis quelque temps la duchesse de Poleastro, notre belle amie, paraît s'éloigner de la cour !..

LA REINE.

Et je lui en veux de nous priver ainsi !

(La Reine se lève.)

Revenez donc à nos petits soupers, Morgane ?.. Emma Lyonna m'a dessiné son pas du schall : je l'ai vainement essayé : mais elle !.. Avec la ceinture d'opales on croirait voir tournoyer des gerbes de roses blanches nouées par un bracelet d'étincelles !.. Et puis je viens de recevoir d'Allemagne un clavecin d'une perfection rare, sur lequel je joue déjà les tercets à Sappho, de notre poète Gozzi, mis en musique... Devinez ! — Encore par cette enchanteresse d'Hamilton !..

(Sur la fin de cette phrase, la Reine s'est approchée derrière le pliant d'Emma Lyonna, à laquelle elle joint ses bras autour du cou.)

MORGANE.

Votre Majesté me promet des minutes heureuses.

LADY HAMILTON, essayant doucement de se dégager :

Si madame la Reine devient flatteuse aussi...

LA REINE.

Ce sera désespérant !..

SCÈNE II.

Les précédents, LORD ACTON, s'avançant vers la Reine.

LA REINE, continuant.

C'est vous, Acton !.. déjà sous ce costume de chevalier romain ?..

LORD ACTON.

La Reine sait que je reviens du bal de l'ambassadeur de Toscane ?..

LA REINE.

Et que la belle duchesse de Monteleone vous y a retenu toute la nuit !

(Elle lui tend sa main à baiser et très-enjouée, retient celle du ministre :)

Cette main, qui nous a gagné, d'un trait de plume, toutes les citadelles du Piémont, la voici prisonnière, enfin !.. Ah ! chevalier ? un premier ministre, épris à la façon d'un page, nous inquiète pour le salut de l'État! Vous confondrez bientôt les affaires et les jeux-partis; vous allez prendre, incessamment, la carte du royaume des Deux-Siciles pour celle du pays du Tendre et nous ne pourrons, à l'avenir, déférer de vos actions que près de milady, souveraine des cours d'amour du monde!.. Tenez! Ce matin même, nous avons eu ouï-dire que des groupes singuliers se formaient, déjà, dans les rues de Naples et sur la Pausilippe!

LORD ACTON.

Que Votre Majesté n'en prenne pas le moindre ombrage! j'ai fait arrêter l'un des armateurs imprudents qui causaient ce trouble, et tout s'est calmé. — Souffrez que j'aie l'honneur de vous présenter cet album de pastels anglais de la part de la princesse de Selva?..

LA REINE.

Voyons.

(Le comte de Montecelli s'est approché de la princesse Sofonisba et s'éloigne avec elle vers les salons.)

LADY HAMILTON.

Vous êtes une adversaire dangereuse, Morgane : on ne peut lutter contre vous. J'abandonne...

(Elle se lève, puis, à part :)

Le marquis d'Ast devrait être ici depuis une heure !.. Que fait-il ?.. (Se retournant :) Et vous êtes remise du voyage, n'est-ce pas?

MORGANE, affectueusement.

Mais je n'étais nullement fatiguée, chère milady : j'étais soutenue par l'idée de vous être agréable.

LADY HAMILTON.

Que vous êtes gracieuse et charmante! (A part, regardant Morgane qui s'approche de la Reine.) Ce sourire ?.. le marquis d'Ast est mort.

(Sur un signe de lady Hamilton, le ministre quitte la Reine et s'approche : il salue, en passant, la duchesse de Poleastro « qui vient, auprès de la Reine et de la chanoinesse Eufrasia, s'incliner sur les pastels. »)

LADY HAMILTON, à voix basse.

Quelles nouvelles de l'intérieur, Milord?

LORD ACTON, de même.

Du Gouvernement? mais aucune... Ah! si; — une évasion dans une prison des Calabres, il y a dix jours. — Les nouvelles de France, toujours les mêmes : inquiétantes.

LADY HAMILTON, le regardant fixement.

Une prison, dites-vous? — En Calabres?.. il y a dix jours! Laquelle?

LORD ACTON.

Città-Lazzara.

LADY HAMILTON.

Plus bas. — Le nom du prisonnier ?..

LORD ACTON.

Un certain chevalier d'Albamah, descendant, paraît-il, de la maison princière de Souabe, un détenu politique, un jeune homme. Sa tête est mise à prix.

LADY HAMILTON, à part.

D'Albamah !.. Mais c'était le nom du fiancé de la comtesse de Saintos autrefois !.. Sergius d'Albamah !.. (Fronçant les sourcils:) Nous disons donc : l'évasion du chevalier, la date, la disparition du marquis d'Ast, le retour de Morgane, le silence... Oh !.. la sorcière Jahëli pourrait bien y avoir vu clair, dans son miroir de magie !..

LORD ACTON.

Vous êtes soucieuse, milady ?.. Cette nouvelle insignifiante paraît même vous impressionner !

LADY HAMILTON.

Et pas de preuves !.. je ne puis avertir la Reine !.. N'importe! (Haut :) — Milord, pas un signe d'étonnement : continuez de sourire. Vous allez, à l'instant, donner des ordres pour que l'on recherche, dans tout Naples, monsieur le marquis d'Ast. — Si, dans une heure, nous n'avons pas de ses nouvelles, vous manderez le capitaine des gardes, M. de San-Vaënza : vous lui délivrerez l'ordre d'arrêter, séance tenante et devant toute la cour, madame la duchesse de Poleastro qui cause avec la Reine, en ce moment.

LORD ACTON, tressaillant.

Vous dites ?..

LADY HAMILTON.

Prenez garde. Je dis l'ordre d'arrêter la duchesse de Poleastro.

LORD ACTON, après un moment.

Je connais la prudence de lady Hamilton : cela me suffit. (Tout haut :) Dans une heure, soit !..

MORGANE, à elle-même avec un sourire glacé.

Dans une heure.

8

LORD ACTON.

Et jusque-là ?.. Surveillance ?..

LADY HAMILTON.

C'est elle qui nous surveille. Une seule personne, ici, peut se défendre contre sa pénétration et son intrépidité, je vous assure.

LORD ACTON.

Et c'est ?..

LADY HAMILTON, tranquillement.

C'est moi. (Comme à elle-même.) — L'arrêter, sans retard, serait même une mesure de prudence, et cela vaut mieux. — Milord, veuillez bien me signer l'ordre à la minute : je me charge de son exécution.

(Lord Acton va s'asseoir, au fond, et écrit l'ordre.)

SCÈNE III.

LES PRÉCÉDENTS, MOINS LE COMTE DE MONTECELLI
ET LA PRINCESSE HORATIA, LEONE.

LEONE, se présentant au fond de la scène.

Milady Ambassadrice d'Angleterre ?..

LADY HAMILTON, se détournant, à part.

Le page du marquis d'Ast!.. Enfin!.. (A Leone:) Approchez!..

LEONE.

Le marquis d'Ast a l'honneur de présenter ses hommages à Sa Grâce la duchesse d'Hamilton et m'envoie la prévenir qu'il se rendra près d'elle, dans les appartements de la Reine, avant midi.

LADY HAMILTON, surprise.

C'est bien.

(A part :)

Il est étrange que je me sois trompée!..

(Lord Acton revient lui offrir l'ordre. — Après une indécision rapide, elle le serre dans son corsage :)

Attendons. — Si je consultais encore Monna Jahëli?..

(Leone s'incline et va s'accouder au socle de la statue où il reste immobile toute la scène. — Lord Acton retourne, impassible, vers la Reine.)

MORGANE, à elle-même, en se dirigeant vers la duchesse d'Hamilton.

Le courageux enfant !..

(L'heure sonne : Morgane s'arrête et écoute.)

Dix heures!.. les chaînes du pont sont tombées; la révolution commence!.. Voici l'heure!.. elle marche : les sourds battements de mon cœur sont le bruit de ses pas invisibles!..

LADY HAMILTON, à demie-détournée, le regard fixe et terne :

Oh!.. je devine le rôle du chevalier d'Albamah dans le jeu de Morgane et je crois comprendre, à peu près, tout ce qui s'est passé!.. Et d'Ast qui ne revient pas!.. Pourquoi l'a-t-il laissé échapper?.. Voudrait-il aussi me trahir?

LA REINE.

Milord, le ravissant album!.. Vous remercierez la princesse de Selva de la part de Marie-Caroline!..

(Lady HAMILTON a pris gracieusement le bras de MORGANE : les deux duchesses se promènent ensemble et rêveuses devant les terrasses. Au moment où elles se détournent, deux seigneurs vêtus de dominos de velours écarlate passent au fond de la scène, à l'extérieur, en causant. — Le premier garde son loup de pourpre sur son front : le second est démasqué : c'est lord PEMBROKE. Ils passent de gauche à droite, dans les galeries du fond et disparaissent.)

LADY HAMILTON, regardant le masque rouge, à part :

Le Roi!..

ACTE TROISIÈME

MORGANE.

Savez-vous, Milady, à quelle personne le baronnet donne le bras, en ce moment?

LADY HAMILTON.

Vous avez de bons yeux, duchesse!

LA REINE, se levant, à lady Hamilton.

Et nos déguisements, Lyonna!

(Morgane, seule, remonte la scène, et s'appuie à l'angle de l'un des pans coupés, d'où elle considère les autres salons.)

SCÈNE IV.

Les Précédents, LE COMTE DE MONTECELLI, revenant.

MONTECELLI, s'avançant vers le groupe de la Reine.

J'ai l'honneur de prévenir Sa Majesté que l'on entre dans les palais et dans les jardins!

LA REINE, presque sur le devant de la scène.

A propos, ma chère Eufrasia, l'abbaye des Camaldules de Salerne est vacante; vous recevrez ce soir la nomination d'abbesse que vous avez sollicitée. — C'est une sombre demeure et dont les grilles ressemblent à une prison...

LA CHANOINESSE EUFRASIA TORELLI, d'une voix lente et grave.

Elle me convient telle qu'elle est, Madame; que Votre Majesté daigne agréer mes sentiments de reconnaissance et de soumission... Je venais, précisément, de recevoir une lettre de la jeune comtesse Sione de Saintos, qui demande à prononcer les vœux, et je ne savais si la communauté...

LADY HAMILTON, tressaillant, à part.

Sione!.. la comtesse de Saintos prend le voile!.. Alors, c'est que le chevalier d'Albamah; doit être devenu l'amant de la duchesse de Poleastro!.. Je devine! Il est ici!... — Bien! Tout-à-l'heure, ce sera terrible.

(Leone traverse le théâtre et quitte la scène.)

MORGANE, se détournant au fond.

Milord Acton?

LORD ACTON.

Madame la duchesse?..

MORGANE, paisible.

Votre bras.

(Lord Acton s'approche d'elle et ils entrent, en causant dans les salons.)

LA REINE, s'éloignant avec lady Hamilton.

Dis-moi, te plaisent-elles, les pommes de senteurs?... Elles sont préparées, par mon médecin, Cyrillo : je l'ai prévenu de t'en envoyer quelques-unes... mais que signifient tes beaux yeux inquiets?..

LADY HAMILTON, qui suit Morgane des yeux.

Oh! ma belle Majesté, ce n'est rien, je vous assure!.. La duchesse de Poleastro nous est revenue, seulement, plus adorable que jamais, je trouve.

LA REINE, se méprenant.

Tais-toi, folle!.. Et viens vite, ou nous serons rencontrées!.. (Se retournant:) — On me suit, Eufrasia.

(Elles disparaissent, à gauche, au moment où rentrent Lord PEMBROKE et le ROI toujours masqué.)

SCÈNE V.

LE ROI, masqué, LORD PEMBROKE,
LE COMTE DE MONTECELLI, debout près de l'échiquier,
PUIS SPECIALE DE SAINTOS.

MONTECELLI, à part.

Lord Pembroke n'aurait-il pas reconnu le Roi?..

LORD PEMBROCKE, à part.

Je crois que ce seigneur deviendrait l'un des nôtres avec plaisir. — (Haut :) — Puisque l'identité assez étrange de nos costumes nous a rapprochés, monsieur, je me permettrai de vous demander si, — de tous les évènements diplomatiques dont je vous ai parlé et sur le côté mystérieux desquels je crois avoir appelé votre attention, — il ne ressort pas, pour vous, une chose au moins fort possible aujourd'hui?

LE ROI.

Une révolution en Sicile?..

(Le vice-amiral se présente, au fond de la scène, en domino noir.)

LORD PEMBROKE.

Et qui en sortirait !.. Il faut s'aguerrir avec ces idées !

(Ils passent et disparaissent à droite.)

SCÈNE VI.

LE COMTE DE MONTECELLI, SPECIALE DE SAINTOS.

MONTECELLI, regardant les deux masques s'éloigner, à part :

Par Saint-Catilina !.. Le baronnet voudrait-il, sans le savoir, faire entrer le Roi dans le complot?.. (Haut :) C'est vous, Saintos ?

SAINTOS, se frottant les mains et à voix basse.

L'insurrection se décide !.. les affûts de la forteresse sont pointés contre la Villa-Reale !..

MONTECELLI, inquiet, et à part, le considérant :

Si je lui jouais quelque tour, capable de distraire tout le monde?.. Cela gagnerait dix minutes au moins, — et les minutes, c'est la victoire !.. — Oh ! quelle idée superbement bouffonne !

SAINTOS, prenant une prise, et à demi-voix.

Figurez-vous que l'on a promis une somme ronde au second du chevalier d'Assunta!.. de sorte que c'est un homme sûr, et l'on peut compter sur de terribles paquets de mitraille!.. Le prince est prévenu : nous sommes tous ici, en costumes de bataille, sous nos dominos.

(On entend, au loin, des mesures de valse :)

C'est cela! dansez!.. Tout-à-l'heure nous battrons la mesure.

(Il ébauche un entrechat suivi d'un jeté-battu.)

MONTECELLI, brusquement :

Mon cher Spéciale, la baronne de Saintos est ici!..

SAINTOS s'arrêtant court, une jambe en l'air.

Bah!.. (Il recule. Un silence :) vous m'étonnez!.. Arabella? Je l'ai laissée en son château, charmée de la campagne!..

MONTECELLI, agitant ses grelots.

Vous venez d'apercevoir lord Pembroke donnant le bras à un masque de tournure toute martiale?

SAINTOS, pâlissant.

Oh! oh!.. Qu'entends-je? le baronnet... Où voulez-vous en venir?

MONTECELLI.

Comme ils passaient ici tout-à-l'heure, j'ai ouï le nom d'un illustre marin de la Sicile!

SAINTOS, avec un rire contraint.

Mais, vous m'effrayez, comte!.. et je ne sais quels soupçons...

MONTECELLI.

Enfin, mon vieil ami, j'ai cru distinguer, sous la dentelle du loup de soie rouge, obstinément fixé sur le visage du domino, oui, j'ai cru distinguer quelque chose comme des moustaches!..

SAINTOS, naïvement.

Des moustaches!.. c'est ma femme!..

(Il chancelle.)

MONTECELLI, le soutenant.

Du courage, Saintos!..

SAINTOS, accablé.

Plus de doute!..

MONTECELLI.

Il est temps encore, peut-être, d'éviter un malheur... ils vont revenir ici ; attendons-les : mais, pas de scandale ! Songez que des intérêts plus graves et plus effrayants... Voyons, Saintos, voyons !.. (A part :) — Diable !..

SAINTOS, levant la tête et le regardant en face.

Plus graves ! Allons donc ! (il recule :) Vous voulez rire ?.. (Après une pause :) J'aurai son sang.

(Pendant la fin de cette scène les salons se sont remplis et l'on entend, de loin, des mesures de valse. Plusieurs groupes sont entrés au fond de la scène, parmi lesquels se trouvent MORGANE et le comte RICCI, tous deux en dominos noirs et tenant leurs masques à la main.)

SCÈNE VII.

MORGANE, SPÉCIALE DE SAINTOS, LE COMTE RICCI, LE COMTE DE MONTECELLI, Dames et Seigneurs, Pages, PUIS LE CHEVALIER D'ASSUNTA.

LE COMTE DE RICCI.

Faites attention à l'amiral, madame : voyez ; il se trouble et il est pâle.

ACTE TROISIÈME

MORGANE, à elle-même, après un coup d'œil sur Saintos.

Oh!..

(Elle s'approche toute gracieuse.)

Notre Sione était radieuse, ce matin, monsieur de Saintos!

(Montecelli remonte vers le comte Ricci.)

SAINTOS, égaré et la saluant.

Duchesse...

MORGANE, une fois près de lui, changeant de visage et d'une voix brève et basse :

Est-ce que vous allez vous évanouir?.. Tout-à-l'heure, Sergius d'Albamah, sous son masque, offrait des dragées aux dames de la cour!.. Monsieur de Montecelli jouait au volant avec la demoiselle d'honneur, la princesse Horatia!.. Monsieur d'Assunta disait la bonne aventure à une magicienne et lord Pembroke empêchait le Roi de se rapprocher de certains masques! — Mais ne pâlissez donc pas ainsi!.. Oubliez-vous où nous sommes et ce qui se passe... et qu'un soupçon!..

SAINTOS, très-agité.

Madame la duchesse, je me suis trouvé, le premier, à quatre abordages...

MORGANE.

Qu'avez-vous?.. Mais mon cœur ne bat pas une pulsation de plus à moi! je ne vous reconnais pas, Amiral! Jouons notre tête avec calme!

SAINTOS, étonné.

Ma tête!.. S'il ne s'agissait que de ma tête...

MORGANE, de même.

De quoi s'agit-il donc!

SAINTOS, troublé.

Eh! de ma femme!.. Je sais tout! — Elle est ici! à ce bal! enlevée par le baronnet!.. (Un silence.) — Que feriez-vous à ma place?..

(Il se croise les bras.)

MORGANE, sinistre.

Ah!.. trêve de folies, mon cher Saintos, n'est-ce pas?.. Vous penserez à cela plus tard!..

(Rumeurs parmi les groupes, au fond de la scène.)

LE CHEVALIER D'ASSUNTA, paraissant en domino rose).

Par saint Janvier, messieurs!.. La sorcière est trop séduisante pour être brûlée vive, selon ses mérites, mais elle vient en vérité, de surprendre toute la cour!

MONTECELLI, près de Morgane.

Madame, voici l'ennemi!...

SCÈNE VIII.

Les Précédents, LADY HAMILTON, masquée et portant un costume de magicienne, puis SERGIUS D'ALBAMAH.

MORGANE, se retournant et s'avançant vers lady Hamilton.

(A part :) Le commencement du combat?.. Soit!
(Haut :) Charmeresse, pour ce ruban, parle-moi de l'avenir!..

LADY HAMILTON, au milieu de la scène.

Du présent, si tu veux; c'est tout un!

MORGANE.

Où l'apprends-tu?

LADY HAMILTON.

Dans les astres qui n'ont pas d'avenir.

SERGIUS, masqué, en costume sombre, paraissant tout à coup, près de la duchesse d'Hamilton.

Ainsi, tu évoques les vivants?..

LADY HAMILTON.

Ils sont souvent aussi difficiles à ressusciter que les morts!..

SERGIUS.

Quand cela, belle magicienne!

LADY HAMILTON.

Lorsqu'ils leur ressemblent.

SERGIUS.

Est-ce un avertissement?

LADY HAMILTON.

C'est une prédiction.

SERGIUS, souriant et se dégantant.

Tu sais alors qui je suis mieux que moi-même!..

LADY HAMILTON.

Peut-être.

SERGIUS, lui tendant sa main nue et ouverte.

Une preuve?

LADY HAMILTON, la prenant et l'examinant.

Pour vous obéir, mon gentilhomme.
(On se groupe autour d'eux, Morgane près de Sergius,

à droite, d'Assunta, Ricci et Montecelli derrière eux immédiatement ; Saintos est resté assis, le front dans ses mains, près du guéridon aux échecs ; la scène est au milieu du théâtre, à la hauteur des deuxièmes portants.)

Ah ! tu es un être exceptionnel. — Tu es le type de ces hommes qui, durant une heure, disposent, à l'insu de l'univers, du sort d'un peuple et de la puissance souveraine. — Il y en a dans tous les siècles !.. — Ils sont portés, jusqu'au dernier moment, avec une fortune étrange, vers le sommet de l'ambition et de la gloire ! Le mirage de l'avenir les enivre d'audace et les éclaire ! Les obstacles, on ne sait comment, s'applanissent ! Les projets irrationnels deviennent possibles ! Ils marchent ! ils surmontent ! Ils tendent leur main crispée vers le signe du renom dynastique : on jurerait qu'ils vont l'atteindre, qu'ils vont s'inscrire dans l'Histoire et que ce sont, réellement, des Rois !

SERGIUS, après un moment.

Continue.

LADY HAMILTON.

Tout-à-coup, les Ténèbres les redemandent et voici que, sous leur dernier pas, les plans les mieux construits s'écroulent pour un mystérieux grain de sable..! Et, sans que l'Histoire s'en émeuve sans que cela même, alors, s'explique, sans qu'un rond se fasse sur l'eau, ces hommes s'effacent et disparaissent, tout entiers, dans la nuit d'où ils étaient venus. Ce sont les aventuriers fatals, les héros inconnus, les princes sombres!.. Oui, ce sont les Représentants des Limbes de l'Histoire, dispersés au milieu des États du monde! Ils ne sont jamais que *possibles!* Ils ne s'achèvent pas au soleil de ce que nous sommes convenus d'appeler la Réalité : ce sont des ombres royales! terribles, souvent, pour qui les approche et mortelles; mais ce sont des ombres : rien de plus.

SERGIUS.

Apprends, Sorcière au masque noir, que les douleurs physiques me font pitié, comme les injures qui passent sans m'atteindre, comme les bonheurs dont j'ai la puissance de me priver, et que, fort du sentiment de mon Éternité, je ne permets pas à ce que tu es convenue d'appeler le Réel, d'être jamais autre chose, pour moi, que ce qui se passe sous mon front!..

LADY HAMILTON.

A ton aise! — Ainsi, tu es le type de ces hommes de malheur. Tu es jeune, expérimenté, courageux, accompli; tout semble te convier à te dresser sur la foule; mais comme la base de ta vie est frappée d'un signe de mystérieuse malédiction, tu seras vaincu par le grain de sable! Tu périras obscur, avec des destinées !.. oui! cela sera : parce que tu es de ceux dont l'étoile s'est éteinte depuis longtemps dans le ciel!..

(La Reine et le Comte de Thurn sont en scène depuis un moment.)

SERGIUS.

Il me semble avoir déjà entendu ta voix, sybille d'enfer, et je veux...

(Il fait un mouvement : Morgane lui saisit le poignet.)

MORGANE, d'une voix très-basse, à son oreille.

Regarde!.. là! derrière toi!.. la Reine!..

(Lady Hamilton s'éloigne lentement vers l'estrade.)

SERGIUS, de même.

Nous sommes trahis!..

MORGANE, de même, très-vite, et avec un sourire sombre.

Il est trop tard pour nous trahir!..

SERGIUS.

Alors, au revoir, Morgane, dans le triomphe ou dans la mort. — Voici notre heure! Voici notre aurore!.. Heure de tocsin! Aurore d'incendie!

(Il quitte la scène.)

SCÈNE IX.

Les Précédents, moins SERGIUS D'ALBAMAH;
LA REINE, le comte de THURN, LEONE. paraissant,
au fond, à gauche, puis LE ROI et LORD PEMBROKE.

SAINTOS, comme se réveillant, se dresse tout à coup:

Eh bien, non!.. Ce complot me semble décidément, par trop infâme!.

(Serrant les dents et les poings :)

D'ailleurs, c'est profaner le palais de nos rois!..

LE COMTE DE THURN, vivement.

Un complot! dites-vous? monsieur de Saintos! Contre qui?

MONTECELLI, à part.

O terreur! le vieil insensé va nous perdre au dernier moment!..

(LEONE, masqué, s'est précipité vers Saintos : il laisse voir, silencieusement, à la duchesse de Poleastro, la lame nue d'un stylet, qu'il cache dans son pourpoint.)

ACTE TROISIÈME

MORGANE, qui a vu le mouvement de Leone.

Monsieur le Vice-Amiral! Parlez, au nom du ciel!

SAINTOS, confidentiellement.

Contre qui?.. Mais, (avec hauteur:) — s'il plait à Votre Excellence, — contre moi!..

(Ici, la voix de l'amiral est interrompue par l'explosion d'une rumeur vague et lointaine : Saintos s'est arrêté, stupéfait, devant lord Pembroke et le Roi, toujours masqué, qui entrent en scène à ce moment.)

LA REINE, regardant vers la Chiaja, par les terrasses.

Que signifient ces cris ennuyeux?..

MORGANE.

C'est le commencement du carnaval, sans doute, que signale le bon peuple de Naples!..

(On se rapproche des terrasses, autour de la Reine, et l'on cause à voix basse.)

LORD PEMBROKE, au Roi.

Et que penseriez-vous de l'homme assez hardi pour oser tenter cela?

LE ROI.

Je pense, milord, qu'il y a des lois immuables et que le puissant meneur dont vous parlez se briserait contre elles, comme ses précurseurs, dans l'Histoire.

LORD PEMBROKE, un peu déconcerté.

Ah?.. (Un silence :) Et moi, je pense que rien n'est éternel en politique et que les évènements, aujourd'hui, peuvent se charger de réaliser les chimères les plus extravagantes.

LE ROI, se démasquant.

Nous verrons si Votre Honneur est prophète!

LORD PEMBROKE, reculant.

Le Roi!..

(A cette vue, SAINTOS quitte précipitamment la scène.)

TOUS LES COURTISANS.

Le Roi!..

(On se découvre.)

LE ROI, souriant.

Oui, messieurs, le Roi.

(Nouvelles clameurs, au dehors, mais plus rapprochées)
(Au comte de Thurn :)

Monsieur le Grand-Justicier, pourquoi ces troubles et ces clameurs dans les rues?.. Où donc est lord Acton?..

LE COMTE DE THURN.

Il va rentrer au palais, Sire.

LORD PEMBROKE, à part :

J'ai failli commettre une chose terrible.

LE ROI.

Priez-le de venir, monsieur de Ricci !..

MORGANE, bas, à lord Pembroke.

Aux souterrains !..

LORD PEMBROKE, de même.

Moi ?.. C'est inutile : l'ordre d'expédier les fuyards est donné.

LE COMTE RICCI, annonçant.

Lord Acton, Sire !..

SCÈNE X.

LES MÊMES, MOINS SAINTOS, LORD ACTON.

LE ROI, brusquement à lord Acton qui s'avance et le salue.

Mais, enfin, d'où venez-vous donc, Milord ?

LORD ACTON.

Du service de Votre Majesté, selon mon habitude.

(LE ROI, LA REINE, LADY HAMILTON, LE COMTE DE THURN, LORD ACTON, LE COMTE RICCI, tiennent le milieu de la scène. — MORGANE est assise dans le fauteuil où la Reine était assise durant la première scène. — LEONE, les courtisans et les conjurés sont à gauche, près de l'estrade, au fond du théâtre.)

LE ROI, à lord Acton.

A qui en veut cette foule? De quoi se plaint-elle?

LORD ACTON.

Sire, ce n'est absolument qu'un trouble excité par le commerce du port de Naples : je viens de faire arrêter les principaux mécontents. Comme les vaisseaux d'approvisionnements seront en vue dans un quart d'heure, — et devraient même être arrivés, — tout cessera! tout s'apaisera!

LA REINE.

Les vaisseaux?.. Il y a donc contre-ordre? J'ai fait fermer la rade, hier au soir!

LORD ACTON, après un mouvement.

Comment, Madame!.. Et je n'en suis pas prévenu!

LA REINE.

Le Ministre oublie qu'il était au bal toute la nuit... D'ailleurs, laissons cela. Qu'importe! Les greniers suffisent!..

LORD ACTON.

Mais, — il importe plus que ne le pense Votre Majesté!.. Au fait, qui a demandé l'ordre?

LA REINE.

Le Vice-Amiral, à cause du temps, des difficultés du mouillage, que sais-je!..

LORD ACTON.

Ceci regardait un chef d'escadre, un amiral, ou le Gouverneur de la Rade, — et non Votre Majesté!.. De quel droit le Vice-Amiral prend-il sur lui... — Le temps!.. le mouillage!.. Où donc est Monsieur de Saintos, Messieurs?..

MORGANE, indifféremment, toujours assise.

Il vient de quitter le palais, Monseigneur.

LORD ACTON.

Ah?..

(Réfléchissant.)

Et à quelle heure cette audience, s'il plaît à Votre Majesté?..

LA REINE.

Hier, à dix heures du soir.

LORD ACTON.

Dix heures du soir?.. L'audience était irrégulière : quel est le chambellan qui a introduit...

SCÈNE XI.

Les Précédents, le comte DE MONTECELLI,
puis UN OFFICIER.

MONTECELLI, s'avançant.

Moi, milord. — L'audience était seulement extraordinaire à cause du titre de monsieur de Saintos, et j'ai pensé...

LORD ACTON, très-froidement.

Vous avez mal pensé, monsieur le Comte!.. A partir de ce moment, vous n'êtes plus attaché à la Maison de la Reine. (Montecelli, le sourire sur les lèvres, s'incline profondément.)

(A Leone :)

Viens ici, page!

MONTECELLI, à part :

Pour un rien, je jetterais mes clefs au visage de ce faquin d'Irlande!..

(Il vient s'appuyer au fauteuil de Morgane.)

LORD ACTON, écrivant sur l'épaule de Leone.

Tenez, Ricci, cet ordre, de suite, au Surintendant des greniers de l'État. (S'inclinant :) — Je parle au nom du Roi!..

LE COMTE RICCI.

J'y vais moi-même, Milord.

(Passant près de Morgane, ils échangent un regard d'intelligence.)

MORGANE, à part, frémissante.

Le combat s'engage!..

LORD ACTON, écrivant toujours.

Capitaine Lora!

UN OFFICIER, s'avançant.

Monseigneur?

LORD ACTON.

Cet ordre au commandant des galères; qu'on lève les chaînes!..

MORGANE, impassible, regardant l'officier, à part :

Toi, tu vas mourir.

(Se penchant vers Montecelli :)

Comte! un coup d'épée à ce jeune homme : allez l'attendre; déchirez l'ordre et revenez.

(Le comte de Montecelli sort derrière l'officier.)

LE ROI.

Eh bien?

LORD ACTON.

Que Votre Majesté n'ait plus aucun souci : l'émeute sera comprimée dans quelques minutes.

LE ROI.

Alors, Messieurs...

(MARIE CAROLINE et le ROI, la main dans la main, montent les degrés du trône.)

LEONE, à voix basse, près de Morgane, après un regard circulaire.

Les huit chevaux, sellés et caparaçonnés, tenus par les piqueurs, sont derrière la porte des jardins qui est ouverte.

MORGANE, à elle-même.

J'ai gagné!.. (A Leone :) Au premier coup de canon!..

(Elle se retire, lentement, par une draperie du 1er plan, à gauche.)

(Le Roi Ferdinand Ier et la reine Marie-Caroline ont pris place sur leurs trônes. — Lady Hamilton, la princesse Horatia-Sofonisba, la chanoinesse Eufrasia Torelli et les Dames d'honneur, le comte de Thurn, lord Acton et les Grands Officiers se sont groupés autour de l'estrade et sur les degrés. Des Dames, des Seigneurs, des Gardes du corps, occupent le fond du théâtre. — Le milieu de la scène et la droite sont absolument libres. — L'estrade et ses alentours sont un éblouissement de fleurs de diamants, d'éventails, d'épées, de dorures, de costumes de cour, de déguisements de toutes sortes. — Passent, de temps à autre, des Pages chatoyants de velours, de brocart et de soie, chargés d'aiguières et de coupes.)

SCÈNE XII.

BALLET. — **Le Carnaval de Naples.**

(Sur les dernières mesures, Morgane est revenue et s'est accoudée, debout et indifférente, sur le dossier du fauteuil. Elle regarde ceux qui dansent. — Le comte de Montecelli, essoufflé, arrive presque immédiatement derrière elle, à gauche, par la draperie, et se penche vivement à son oreille... — Derrière lui paraissent, dans l'ombre, le comte de Ricci, lord Pembroke, le vice-amiral Saintos et le chevalier d'Assunta, silencieux et enveloppés, comme lui, de longs dominos noirs.)

SCÈNE XIII.

Les Précédents, MORGANE, le comte de MONTECELLI, les CONJURÉS, puis un chambellan du ROI, précédant LE MAJOR EAQUE.

MONTECELLI, à voix basse.

C'est fait !.. l'ordre est déchiré !.. Le marquis de Lora vient de mourir.

UN CHAMBELLAN DU ROI, s'avançant.

Une estafette extraordinaire de Città-Lazzara, pour milord Acton !

LORD ACTON.

Qu'est-ce ?

LE MAJOR EAQUE, paraissant, couvert de poussière.

Monseigneur !.. Le marquis d'Ast a été assassiné dans la citadelle, et je viens...

LADY HAMILTON, se démasquant brusquement.

Ah ! j'en étais sûre, moi !..

(Tirant l'ordre de sa poitrine et descendant vers le milieu de la scène.)

Monsieur de San-Vaenza !.. Monsieur le capitaine des Gardes du Roi ! — Monsieur de...

(Lueur. Coup de canon. — Lady HAMILTON se détourne

et voit, derrière elle, MORGANE, debout, immobile, les bras croisés, les yeux étincelants.

MORGANE.

Trop tard !..

LE ROI, surpris.

C'est l'entrée des vaisseaux que l'on signale ?..

LORD ACTON, de même.

Non, sire. Je ne m'explique pas ce canon !.. Il vient de Saint-Elme.

(Tambours lointains, clameurs, coups de fusils, feux de pelotons.)

LE ROI.

La charge ! entendez-vous ?

(Trompettes sonnant la charge ; le canon redouble ; tout le monde se lève.)

LA REINE.

Est-ce une révolution, Messieurs !..

(Cloches ; lueurs rouges à l'horizon, sur les terrases.)

LE COMTE DE THURN.

Écoutez, sire !.. le tocsin ! Voyez le ciel ! On dirait le Vésuve ! .

LA PRINCESSE HORATIA, joignant les mains.

Seigneur ! C'est l'incendie !

VOIX DES INSURGÉS.

A bas la Reine !.. A bas les tyrans !..

UN OFFICIER, rentrant, pâle, blessé.

Sire, les promenades sont envahies par le peuple !.. L'émeute grossit et va entourer le palais !...

LORD ACTON.

Ah çà, qu'y a-t-il donc, enfin !..

(Toute la cour se démasque.)

SCÈNE XIV.

Le Roi FERDINAND Ier, la Reine MARIE-CAROLINE, la Duchesse MORGANE DE POLEASTRO, Lady HAMILTON, le Comte DE THURN, Lord ACTON, la Princesse HORATIA SOFONISBA, la Chanoinesse EUFRASIA TORELLI, les GRANDS OFFICIERS DU ROYAUME, les GARDES DU CORPS, les MARÉCHAUX D'ITALIE, les AMBASSADEURS, les MINISTRES, les AMIRAUX, le Major EAQUE, les CHAMBELLANS, le Vice-Amiral SPECIALE DE SAINTOS, le comte DIOMÈDE RICCI, le Chevalier LUIGI D'ASSUNTA Lord JAMES PEMBROKE, le Comte ETTORE DE MONTECELLI, LEONE, les DAMES D'HONNEUR, les Seigneurs, et les Pages de la Cour. — SERGIUS D'ALBAMAH, paraissant, au fond, à droite, en vêtements de guerre. — Il s'avance au milieu de la scène déserte, à pas lents, devant toute la cour, la main sur son épée et s'arrête en face du Roi.

SERGIUS D'ALBAMAH, d'une voix tonnante.

Il y a que si vous oubliez votre Histoire, je vais vous en faire souvenir au bruit de mes canons et de mes armes !.. Je suis Sergius Sigismond d'Albamah, prince et duc de Souabe et de Franconie, arrière-petit fils de Conrad VI l'Empereur d'Allemagne !..

LE COMTE DE THURN.

Que veut dire ceci?..

SIGISMOND DE SOUABE.

Cela veut dire que mon aïeul Conrad vint, il y a cinq siècles, après avoir été dépouillé de l'empire par les Grands-Vassaux, revendiquer et disputer à Charles d'Anjou, le royaume des Deux-Siciles !

(Il se découvre.)

Il avait dix-huit ans, lorsqu'il fit cela, mon grand aïeul !

(Il remet son bonnet ducal.)

Il fut traîtreusement vaincu et ce preux fut

décapité par vos devanciers, sire, sur un échafaud en face de ce palais. Le monde sait cela, aujourd'hui.

LORD ACTON.

Quel est cet homme!.. Qu'on l'arrête!

(La Cour, interdite, regarde le Prince sans faire un pas vers lui.)

SIGISMOND DE SOUABE, stoïque.

Et ce fut malgré la justice de ses droits.

(Il dégaine et s'appuie sur sa grande épée. — Au dehors le canon retentit, par intervalles : il continue avec calme :)

— Donc, vous le savez!.. La Sicile appartenait depuis 1160 à la couronne d'Allemagne! Et c'est en vain qu'on voudrait l'effacer de l'Histoire, le guerrier Conrad avait pour femme la noble Maria Soledad, duchesse d'Avila!.. L'Espagne reçut la reine dépossédée et son fils proscrit, et les princesses maures unirent leur sang à celui du héros!..

(Jetant aux pieds du trône un rouleau de parchemins, scellés de sceaux anciens).

Voici mes titres! Assemblez les chanceliers, et vérifiez! et déchirez, si bon vous semble!.. Je jure, par mes chaînes enfin brisées, que j'en recoudrai les lambeaux avec une aiguille plus

ACTE TROISIÈME

longue que vos ciseaux! — Me voici donc! — Me souvenant, tout-à-coup, de mon ancêtre, je viens brusquement reprendre ma couronne au nom de mes droits cinq fois séculaires et, pour faire cesser le massacre inutile de mon peuple, je vous provoque en combat singulier, Ferdinand de Sicile, portant moi-même la parole, n'ayant plus de hérauts d'armes.

LORD ACTON, qui est descendu seul et se trouve devant lui.

Tu mens, bâtard!.. Conrad V mourut sans descendants et tu n'es qu'un fou monstrueux!..

SIGISMOND DE SOUABE, abaissant sur lui son regard tranquille.

Je ne te parlais pas, étranger : mais puisque tu ne reconnais pas, dans l'autorité de ma voix, le sang de l'empereur d'Allemagne, reconnais celui du chevalier Conrad, à son bras terrible.

(Sans effort, avec le calme d'un athlète, il laisse tomber sa main sur l'épaule du ministre, qui plie et tombe sur les genoux, devant lui.)

LA REINE, se dressant, vengeresse.

Mais qu'on arrête donc cet insensé, ce furieux!..

(A cet ordre, et au moment où les Gardes, stupéfaits, vont se ruer sur le Prince, le Comte RICCI, le Chevalier D'ASSUNTA, Lord PEMBROKE, le Vice-Amiral SAINTOS, le Comte de M0NTECELLI, laissant tomber, tout-à-coup, leurs dominos, apparaissent, en pourpoints noirs, muets, masqués, en cuirasses brillantes. — Ils tiennent le pistolet à deux coups d'une main, et de l'autre une épée de combat ; ils ont le pistolet à la ceinture. — Ils s'avancent vivement et entourent le chevalier D'ALBAMAH. — MORGANE, une hache d'armes au poing, échevelée, en juste-au-corps de velours noir d'où s'échappe le bas d'une cotte de mailles, se précipite vers lui et jette son autre bras autour de son cou, faisant face aux Gardes qui s'approchent. — LEONE, d'un bond, s'est élancé vers la porte du fond, à droite, arme rapidement ses pistolets et ajuste le Roi de ses deux mains étendues :)

LEONE, effrayant.

Pas un pas de plus, ou je fais feu sur le Roi, moi !

(Les Gardes du corps s'arrêtent, terrifiés.)

MORGANE, brandissant sa hache.

Et si vous n'avez jamais vu de lionne défendant son lion et ses lionceaux, — approchez !..

SIGISMOND DE SOUABE, environné.

Pourquoi m'avez-vous retenu lâchement dans vos forteresses !.. J'oubliais mes destinées : vous m'avez forcé de me souvenir.

(Jetant son gant aux pieds du Roi.)

Pour la seconde fois, j'attends.

LADY HAMILTON, écartant les seigneurs qui se baissent.

Gentilshommes, l'hôte accueilli dans la maison pour en trahir l'hospitalité n'a point droit à ce qu'un homme relève son défi!.. Au nom de cette scène, inouïe dans les fastes de l'Histoire, au nom de la Majesté royale outragée, la duchesse d'Hamilton ramasse ton gantelet de guerre, Sigismond de Souabe!..

(Elle ramasse le gant du chevalier, au milieu du silence troublé seulement par les coups de canon lointains, puis elle ôte vivement un de ses gants et le cache lentement dans sa poitrine.)

Quand tu verras le mien, tu n'auras pas une minute à vivre.

SIGISMOND DE SOUABE, se détournant à demi.

Mes hommes d'armes! Soyez témoins que cette injure ne mérite pas d'être écrasée.

(Vers toute la cour.)

Vous savez bien, Messeigneurs, que si je n'étais, en effet, votre hôte dans ce palais, je me serais fait justice, déjà! — Pour la troisième et dernière fois, Sire, au nom du sang qui retombera sur votre front, soyez sommé de venir croiser le fer avec moi, sans nul retard, et en face de ce trône qui m'appartient!..

LE ROI, dédaigneux, pâle, accoudé sur son trône.

Malheureusement, prince, je suis encore votre roi : je ne puis me commettre avec vous. La duchesse d'Hamilton remettra votre gant au bourreau. — Sortez.

SIGISMOND DE SOUABE.

Soit. Je rentrerai ! (Un silence.) — Puisque les rois d'Italie, à l'ombre d'une dignité dérisoire, font tenir l'épée de leurs aïeux et ramasser les gages de bataille des princes d'Allemagne par le bourreau, les princes d'Allemagne, inflexibles, repondront aussi par le bourreau ! — Mon cousin, je vais faire élever, devant ce palais, l'échafaud de mon ancêtre, — et nous verrons quelle est celle de nos deux têtes qui, sous trois jours, y roulera ! — Place !..

(Il se dirige vers la porte du fond, emmenant MORGANE et entouré des CONJURÉS. — Mouvement des Gardes.)

LE ROI, calme.

Laissez-le aller, lui et les siens !

(SIGISMOND DE SOUABE, une fois sorti, enveloppé du groupe d'épées de ses partisans, se retourne, regarde encore une fois le Roi et les Seigneurs, puis il s'élance avec ses révoltés, vers les escaliers déserts.)

SCÈNE XV.

TOUTE LA COUR, SEULE.

LORD ACTON, hors de lui.

A cheval! Fermez les portes!.. Triplez les sentinelles! Feu sur ce misérable! Déchargez vos carabines, à tout hasard!.. Tout le monde en armes!..

LE ROI, tirant son épée.

Silence. Ce n'est plus à vous Milord, de commander ici. Quand le danger se présente et que la Révolte se lève, c'est au Roi de la chasser du plat de son glaive.

TOUS LES SEIGNEURS.

Vive le Roi! . Vive le Roi!.. Aux Armes!...

LADY HAMILTON, au major Eaque, bas et vite.

Commandant! — vous allez monter dans le vestibule de ma chambre! Vous y trouverez une vieille femme, vêtue en bohémienne — et vous lui direz, de ma part, qu'elle aille explorer, tout de suite, les grands souterrains du Palais!..

(Le Major EAQUE s'incline et sort.)

(A part.:) Si Monna Jahëli ne revient pas, c'est que les souterrains sont gardés.

LA REINE.

Sur notre parole royale, nous avons cru, pendant un instant, que c'était une énigme de carnaval!.. Cette audace dépasse le possible!

LADY HAMILTON.

Sire, et vous, Madame.

(Froidement, et laissant tomber ses mots avec lenteur.)

Devant vos Majestés, j'engage ma tête, qui est belle et qui vaut bien un royaume, que ce soir, si l'on daigne me laisser agir seule, nous serons rassemblés, chantant le Te Deum dans la cathédrale de Naples!..

(On entend la fusillade.)

(La toile tombe.)

FIN DU TROISIÈME ACTE.

ACTE QUATRIÈME.

La Piazza Reggia.
A gauche, au 1ᵉʳ plan, — à distance d'une toise du décor, — la Tente de guerre de MORGANE. — Elle s'avance en scène d'une longueur de trois mètres : rideaux fermés. Elle est surmontée de l'écusson ovale aux trois tours de sable posées deux et une sur champ d'or. Elle porte le pavillon de Sicile. — Des marins aux costumes anglais, la carabine au poing, immobiles, font sentinelle : — l'intervalle entre la tente et le décor est libre.
Le décor des deux 1ᵉʳ plans de gauche représente une partie de la façade du palais de Saintos. Au 3ᵉ plan, ouverture de rue.
A droite, 1ᵉʳ et 2ᵉ plans, façades de maisons ; — une croisée praticable au 1ᵉʳ étage de l'une d'elles ; — au 3ᵉ plan, ouverture de rue. — Devant les façades, tentes volantes de guerre, tambours, faisceaux de mousquets.
Au fond de la scène, l'Echafaud. — Au sommet de son escalier, qui fait face au public, le billot annelé de fer, recouvert d'un voile noir ; près du billot, la hache.
Au loin, l'église San Francisco di Paolo, vue de côté dans sa longueur : vitraux sombres. Le tocsin sonne.
Au lever du rideau, un groupe de lazzaroni, d'insurgés, de gens du peuple, hommes, femmes, enfants, assis, debout, blessés, sanglants, les uns encore en costume de mascarades, est dispersé autour des caisses, des

coffrets, des ballots d'étoffes, d'armes et de bijoux pillés, et l'on s'arrache le butin. — A la fenêtre de la maison, à droite, un insurgé jette sur la place toutes sortes d'objets précieux.

De temps à autre, des bandes armées traversent le fond de la scène avec des cris de mort et de pillage. — Tambours, fusillades, clairons lointains ; — canon, par intervalles ; rumeurs de massacre ; lueurs d'incendie.

SCÈNE PREMIÈRE.

LES INSURGÉS.

1ᵉʳ INSURGÉ, criant à l'homme par la croisée.

Sanguinaccio!.. jette-nous des matelas par la fenêtre puisque nous devons passer la nuit sur la place!..

2ᵉ INSURGÉ :

Eh! le Matteo!.. Expédie-nous du beau sexe, également!.. Circule, méphitique, dans les chambres, gracieux personnage, tu en feras lever!..

D'AUTRES ÉMEUTIERS, s'avançant.

Par ici!.. A sac la maison!..

(Ils enfoncent la porte de la seconde maison, à droite.)

L'INSURGÉ, à la fenêtre, lorgnant une bouteille, aux derniers rayons du soleil.

C'est de l'Oporto !

(Répondant à ceux de la place.)

Des femmes par la fenêtre, Excellences?.. Croyez que, si ce luxe m'était permis, je débuterais par trancher du grand seigneur avec mon épouse!..

(Comme en extase, tout-à-coup et s'agenouillant sur le balcon :)

Oh! que c'est beau!.. Je vois, d'ici, les maisons du Capo di Monte qui brûlent!.. (Buvant à même :) — A l'incendie!..

VOIX, dans la seconde maison.

Au secours!..

(Bruit de lutte ; coups de feu ; sortent des femmes échevelées et des enfants, en fuite.)

UN LAZZARONE, au milieu du groupe, sur la place.

Un coffret!.. c'est en or; cela?—Oh! les belles perles!.. Regarde, Vicenzo: quel collier! On se laisserait étrangler avec!.. Hé! les amours! Claria! des perles fines! Et des nippes comme on n'en voit pas à la Chiaja!.. les vagues de l'Adriatique, au soleil, mises en étoffes! — Et des chaînes! Et des pendants d'oreilles!..

— Qui veut des boucles d'oreilles, les rossignols ?..

UNE PETITE FILLE, à une autre, sur la place.

Vois donc, Juana, comme cela brille ! (A l'insurgé.) Donne, pour cette rose que j'ai portée et qui guérira ce beau coup de sabre !

1ᵉʳ INSURGÉ.

Vous autres, là-bas !.. Eh ! l'Antonio !.. Veille au palais !

LE LAZZARONE.

Au palais ! Il n'y a pas de danger. Les croisées du bon roi Nasone donnent trop là-dessus, (Il indique l'échafaud du doigt) pour qu'il ait envie de prendre l'air.

2ᵉ INSURGÉ, à de nouveaux arrivants.

D'où venez-vous ?.. Tiens, c'est toi Vittorio ?..

UN PILLARD, tenant un riche tableau à la main.

Du quai Sainte-Lucie et de la barricade. — Jetez-moi les yeux sur cette toile, fainéants ! (Tous se penchent sur lui.) Demonio ! prends donc garde, toi !.. tu vas saigner dessus, avec ton front !.. (Entre ses dents.) Il y a des gens auxquels il faudrait ouvrir les yeux avec un couteau...

LE LAZZARONE, se découvrant après un regard sur le tableau.

Enfants, c'est du Titien !

(Tous se découvrent, même les blessés.)

UNE JEUNE FILLE, (costume des pêcheuses de corail.)

Eh! Dominica!.. Un tableau! Grazia! Viens donc! Oh! les cheveux plus beaux que les nuages au soleil couchant sur le Vésuve!..

UNE AUTRE.

Oh! vois donc, Marina!.. Ne dirait-on pas qu'elle chante?..

LE LAZZARONE.

Mon coffret pour le tableau!.. (Il tire un long stylet.)

LE PILLARD.

Rengaîne tes dents de sagesse, affreux requin!.. il n'est pas trop tard!

(Il arme, d'une main, un pistolet à sa ceinture.)

Ma toile est à moi : c'est mon bien! — Depuis quand est-ce qu'on a le droit de prendre ce qui est aux autres!..

TOUS LES PILLARDS.

Il a raison!.. Il a raison!..

1ᵉʳ INSURGÉ.

D'ailleurs, assez travaillé!..

(A cheval sur un ballot et brandissant une bouteille:)

Qui est-ce qui veut du sirop du grand monarque!..

(On se groupe autour des vivres. — Un vieillard vient rôder autour d'eux, avec des révérences.)

3ᵉ INSURGÉ.

Tiens, c'est le fossoyeur du Campo-Santo!.. Bonsoir, vieux! La saison sera bonne!..

(Entrent à cheval, par le fond, à droite, SERGIUS D'ALBAMAH, D'ASSUNTA, MONTECELLI et l'ÉTAT-MAJOR.)

LE FOSSOYEUR, aux insurgés.

Excellences!..

(Il se trouve en face de Sergius d'Albamah qu'il salue jusqu'à terre.)

SCÈNE II.

LES PRÉCÉDENTS, SERGIUS, MONTECELLI, D'ASSUNTA, L'ÉTAT-MAJOR.

SERGIUS, au fossoyeur.

Relève-toi; tes pareils ne doivent s'incliner que sur nous!

ACTE QUATRIÈME

TOUS, se levant.

Le Général !

(Les sentinelles présentent les armes.)

SERGIUS.

Allez plus loin, mes amis !.. Et à demain l'assaut !..

TOUS LES INSURGÉS, se retirant, et emportant le butin.

Vive le général Sergius ! Vive le prince d'Albamah !..

(Ils jettent leurs bonnets en l'air.)

SCÈNE III.

LES PRÉCÉDENTS, MOINS LES INSURGÉS, PUIS LEONE.

MONTECELLI.

Vous permettez le pillage, Monseigneur ?..

SERGIUS.

Puis-je l'empêcher, Comte ?.. Ces meurtres, ces vols, ces incendies, me pèsent comme un remords... laissons cela !.. je ne veux être qu'un prisonnier qui se venge...

(Tous descendent de cheval.)
(Indiquant la tente de Morgane.)

La duchesse repose en ce moment ?..

D'ASSUNTA.

Oui, général.

(Entre Leone, à droite ; il s'appuie contre l'échafaud.)

SERGIUS, à part.

Oh! la presser! l'admirer, dans l'infini de mon orgueil!

(Se retournant vers ses officiers.)

Ecoutez, d'Assunta : — Saintos défend la baie, depuis la pointe de Pausilippe jusqu'au pied du Vésuve ; — le comte Diomède garde, avec de la cavalerie, la distance du palais à Castel-Nuovo ; — vous, Montecelli, vous avez changé en redoute l'embranchement du double chemin de Casarte et d'Aversa ; la rue Foria est barricadée ; — mon camp, au pied de la tour del Carmine, est tranquille ; — vous allez prendre possession des hauteurs de Saint-Martin, d'où vous tiendrez le fort Saint-Elme en échec, avec du canon, demain, dès l'aube ; de cette manière, nous pourrons donner l'assaut sans être foudroyés comme aujourd'hui. — Allez. — Mes félicitations à votre lieutenant de ce matin! Quant à lord Pembroke, il fait merveille : Naples est en état de siège ; — nous n'avons aucune alerte à craindre désormais ; — Attendons. (Il s'asseoit sur un tambour et déploie une carte sur ses genoux.)

(Entrent, au fond, à gauche, Lord PEMBROKE, suivi d'un peloton de marins. Il tient au collet une très vieille femme habillée de haillons bizarres ; elle a de grands cheveux gris, épars autour d'elle et un bâton à la main. Lord Pembroke la pousse rudement: elle vient tomber à genoux aux pieds de Sergius.)

SCÈNE IV.

Les Précédents, Lord PEMBROKE, MONNA JAHELI, LES MARINS.

LORD PEMBROKE.

Ah çà, réponds !.. Gaupe, espion, oiseau de nuit ! — Que fais-tu, seule, dans les souterrains ? — Tu voulais savoir s'ils étaient gardés, n'est-ce pas ! — et tu es convenue d'un signal avec le palais !.. — Tu te doutes de ce qui t'attend ?.. (Se tournant vers les marins :) En joue !..

(Les carabines s'abaissent sur la sorcière.)

SERGIUS.

Un moment ! (A Monna). — Qui es-tu ?..

MONNA JAHELI.

Monna Jahëli.

D'ASSUNSA, vivement, à Sergius.

Général !.. cette vieille femme est une sorcière très-renommée dans tout le peuple de Naples; il serait dangereux de la tuer. Interrogez-là plutôt!..

SERGIUS, à part.

Une sorcière!.. Encore?..

MONNA JAHELI, stridente.

Ce matin, je regagnais ma cabane qui est au pied du volcan, lorsque j'ai entendu des coups de feu dans la ville. Je me suis réfugiée dans les caves du palais; j'y étais encore lorsqu'on m'a prise. — Qu'est-ce que vous me voulez?.. Me tuer?.. Faites! je ne tiens pas à vivre, allez.

SERGIUS, la considérant, pensif :

(A part.) Une sorcière!.. Ils disent, les Maures, que mon aïeul ne voulut pas écouter une sorcière la veille du combat! J'ai supporté trop patiemment la duchesse d'Hamilton, aujourd'hui, pour refuser d'entendre cette étrange vieille que le sort jette sur mon chemin! Allons!..

(Il se lève et fait signe à ses officiers de s'éloigner; puis, — s'approchant de Monna Jahëli;)

Gitana! parlons à voix basse, tous deux; et

voyons ta science : — Peux-tu m'apprendre de quelle mort je dois périr?.. Va! je te croirai.

(Un silence. La sorcière lève le front et regarde le prince; puis, ayant tiré, brusquement, un miroir de métal de dessous ses haillons, elle fait des signes en prononçant des lèvres les paroles magiques.)

MONNA JAHELI, regardant fixement dans le miroir.

Sigismond de Souabe, tu mourras de la chute d'une statue qui ne tombera pas sur toi!..

SERGIUS.

L'obscure prédiction!..

MONNA JAHELI.

Les statues n'ont-elles pas une bouche de marbre pour appeler la vengeance?.. Veux-tu savoir, aussi, comment ta belle maîtresse doit finir?.. Sa mort est liée à la tienne.

SERGIUS, lui saisissant le bras.

Parle!

MONNA JAHELI, regardant dans le miroir.

Elle mourra d'un gant qu'elle ne mettra jamais.

SERGIUS.

Je renonce à te comprendre : tu es aussi sombre que la première fois.

MONNA JAHELI.

Et moins que la Destinée!.. Ce gant, visible, elle le tiendra dans sa main nue; cependant, elle ne le touchera pas ; — il sera, visible, même pour elle, devant ses yeux!.. Cependant, elle ne le verra pas ; — et c'est lui seul qui la tuera.

SERGIUS, lui jetant une bourse.

Va-t-en! — Je ne veux pas sonder ce que tu dis.

MONNA JAHELI.

C'est que tu es pareil à ton ancêtre, Sigismond de Souabe!..

SERGIUS, à part, tressaillant comme dans un rêve.

Serait-ce la même! (Un silence.)

MONNA JAHELI.

Un conseil!.. Tu seras sauvé si tu ne dérobes jamais à un fantôme ses vêtements effrayants, et elle sera sauvée si elle se souvient toujours que les sources fraîches coulent dans les forêts!..

SERGIUS.

Tu parles dans le délire! Qu'y-a-t-il de commun entre une statue qui tombe et les vêtements d'un fantôme?.. Quel rapport puis-je trouver entre un gant — un gant de femme, n'est-ce pas?.. — et les sources qui coulent dans les forêts?..

MONNA JAHELI.

Tu verras. — Adieu.

SERGIUS.

Tu vas être inquiétée dans le chemin, vieille femme; veux-tu deux soldats et une torche?..

MONNA JAHELI.

Merci à toi! — Je ne suis pas de celles dont tu dois, à ta dernière heure, éclairer les pas mystérieux!.. — Tu es plus âgé que tu ne le penses; — laisse la nuit à qui elle appartient.

SERGIUS.

Si la maudite bohémienne n'est pas folle et ne ment pas, — la vie ne se distingue du rêve que parce qu'on a les yeux ouverts!.. — N'y pensons plus.

(Il remonte vers ses officiers. — Leone s'approche vivement de la sorcière.)

LEONE.

Et moi?.. De quoi dois-je mourir!

MONNA JAHELI, lui prenant la main et l'examinant.

Toi?.. Du premier baiser de celle que tu aimes !

LEONE.

Elle me donnera un baiser, dis-tu!.. Oh! par tous les cieux!.. — Mais je dois attendre longtemps, peut-être?..

MONNA JAHELI.

Le temps... — de faire ta prière, pauvre enfant !.. (Étendant les bras à l'horizon.) car le soleil est couché.

(La nuit est venue pendant ces paroles.)

LEONE.

Prends ce diamant, bonne gitana; c'est tout ce que j'ai; tu m'as prédit plus que mon espérance !..

MONNA JAHELI.

Sois donc heureux !..

(Elle le regarde avec tristesse, puis, à part, en resaisissant son bâton.)

Les cheveux gris viennent de détourner les

ACTE QUATRIÈME

chiens; les boucles blondes s'échappent; les boucles blondes sont mortelles.

(Elle ricane, puis traverse la scène en chantonnant :)

« Vers les écueils ardus
« Une voix vous entraîne !..
« C'est la noire Sirène,
« O nautonniers perdus
« Dans l'onde souterraine !.. »
Elle disparaît, à gauche.)

LEONE, pensif, la suivant du regard.

Soleil que mes yeux ne doivent plus revoir! Nuits étoilées! Et vous, orangers qui parfumez le bord des murs d'Italie, adieu! (Il quitte lentement la scène.)

SCÈNE V.

Les Précédents, moins LEONE et MONNA JAHELI, — FRANZ.

FRANZ, sortant du palais de Saintos.

Monseigneur!..

SERGIUS.

Toi, Franz?..
(Les Officiers se tiennent au fond de la scène.)

FRANZ.

Monseigneur, la comtesse de Saintos m'envoie vers vous pour vous prier de lui accorder à l'instant même une escorte et un carosse : — elle veut quitter la ville ce soir!

SERGIUS.

Mon ami, cette nuit est suprême pour moi! Je supplie la comtesse de Saintos d'attendre à demain; la duchesse et moi nous serions dans l'inquiétude, — les rues sont dangereuses.

SCÈNE VI.

Les mêmes, SIONE DE SAINTOS, en blanc, échevelée, sortant de son palais.

SIONE.

Quand vous êtes venu, proscrit, demander l'hospitalité dans le manoir de mes aïeux, vous ai-je répondu : « demain, » Sergius?.. Vous étiez, alors, un étranger, pour moi : je vous ai dit : vous êtes chez vous!.. Lorsque vous avez demandé le secret, vis-à-vis de la duchesse Morgane, ais-je remis au lendemain l'accomplissement de votre désir?.. Il n'y a pas de lendemain pour nous autres, chrétiennes, Monseigneur!.. Il se peut que le couvent n'échappe point à vos soldats; j'aime autant le martyre pour Dieu que comme vos soldats, pour quelques lambeaux d'étoffe ou quelques pièces d'or! — Dieu!.. Le reste ne vaut pas une pulsation d'un cœur libre, pas une aspiration d'une âme sérieuse et peu dupe de vaines paroles. Je suis d'une race qui ne revient jamais sur ses résolutions. Je vous demande de me laisser partir de suite; j'étouffe ici, devant cette hache! dans cette odeur de sang et de terreur! J'ai fait mes adieux à tous ceux que j'ai aimés!.. Je ne suis plus de ce monde, enfin, et je n'y suis pas à ma place!.. Enfin, ne voyez-vous pas que j'ai, peut-être, encore une autre raison, pour fuir? Je souffre, mon frère, je souffre, mon sauveur, mon ami, — (Se jetant à ses pieds:) — mon Roi!.. Le monastère des Camaldules n'est pas à plus d'une demi-lieue sur la route de Salerne; que vous importe mon départ ce soir ou demain?... — (Hors d'elle-même:) — Exaucez-moi, et je pourrai revenir, une fois mes vœux prononcés pour l'Éternité, une fois mes cheveux coupés et sous la robe de bure, au milieu des balles, du sang et de la fumée, — jusque sur cet échafaud même! — le crucifix à la main, auprès des mourants!..

SERGIUS, la relevant:

Je vous accompagnerai jusqu'à votre voiture, dans dix minutes, Sione. Rentrez : je vais donner des ordres et faire avancer une escorte : je reviendrai vous prendre. Mais, (A demi-voix, indiquant la tente de Morgane :) Ne voulez-vous pas l'embrasser une dernière fois?

SIONE, secouant la tête.

Je lui ai pardonné et je sens que je l'aime encore!.. (Lui tendant la main :) Oh! je vous ai compris!.. D'ailleurs, elle est si belle!.. Aimez, aimez en paix.

SERGIUS.

Je vous aime de l'amour qu'on doit avoir pour les anges, Sione. Je vous ai raconté cette aventure surprenante qui nous sépare... Suis-je coupable de la destinée ?

SIONE.

Non. Seulement, Dieu vous garde des amours brisés!.. N'attristez point Morgane en lui disant ce qui nous est arrivé autrefois, ce que j'efface dans le sourire d'adieu, ce que j'oublierai dans le baiser de paix fraternelle que je vous donnerai, tout à l'heure, en vous quittant pour toujours!..

SERGIUS.

Votre désir me sera sacré.

SIONE.

Sire, merci! — Je prierai pour la gloire de vos armes et pour la justice de votre cause!

SERGIUS, pendant que Sione, appuyée sur Franz, rentre dans le palais.

Monsieur d'Assunta!.. Cinquante mousquets, dans dix minutes, à l'angle de cette rue!.. Vous vous rendrez ensuite à votre poste. (D'Assunta s'incline et part.) — Venez, Montecelli, et vous, Messieurs : j'ai des ordres à vous donner, relativement aux îles et au littoral, à cause des vaisseaux !

(Ils s'éloignent, par la rue, au fond, à gauche.)

(La scène reste déserte un instant. — Timballes. — L'orchestre (les cors anglais et les clairons) joue les douze premières mesures de l'air : « *God save the Queen !* ».

Les rideaux de la tente s'entr'ouvrent.

La tente de MORGANE. — Table; sofa; candélabre et carte de géographie sur la table; timbre surmonté d'une montre de nuit. — Une glace attachée à la cloison à gauche. — MORGANE, en robe de velours rouge, un pistolet à la ceinture, est couchée, à côté de la table, sur le sofa. Elle est endormie. — Trophées sur le panneau du fond; sentinelles appuyées sur leurs mousquets, au dehors, à l'entrée de la tente. — Groupes et feux de bivouacs, sur la place, au loin.

SCÈNE VII.

MORGANE, seule, puis LEONE, LES SENTINELLES, puis LADY HAMILTON.

MORGANE, s'éveillant et regardant la montre.

Sept heures !.. Encore un tour d'aiguille — et je suis Reine !.. (Silence.)

LEONE, soulevant la draperie.

Me voici, Madame.

MORGANE.

Ah ?.. tu viens du quartier général !.. où s'est porté le duc d'Albamah ?.. que se passe-t-il ?.. Le dernier courrier, l'aide-de-camp du comte de Montecelli m'annonçait la prise du phare par M. de Saintos... Et depuis ?

LEONE.

Les comtes de Ricci et de Montecelli commandent les divisions d'insurgés à la place San-Giovanna !.. Les feux de bivouacs éclairent la Villa-Reale cernée par les troupes du général ; le duc Sergius se promène au milieu de son camp et donne des ordres pour demain matin. Milord Cleesbur a posté des sentinelles à une longueur d'un mille, appuyées d'un pierrier d'alarme; les avenues souterraines sont gardées par les marins.

MORGANE.

Et le Roi?..

LEONE.

Personne n'a fui!.. Le duc François de Calabres et la Princesse seront faits prisonniers dans la nuit même, à Caserte. M. d'Assunta est à cheval, commandant l'État-Major au Pausilippe, avec six pièces de canon; — le baron de Saintos a pris possession des douze galères montées par les forçats du Roi, qui sont enchaînés, à cette heure, dans la cour de la chapelle Saint-Erasme... La famille Royale est toujours dans le palais; l'assaut sera donné à six heures du matin.

MORGANE.

Et hors la ville?

LEONE, pensif.

Hors la ville, c'est un soir de bataille; les lumières brillent çà et là; les chaumières vont s'endormir; tout à l'heure, un petit pâtre chantait dans la campagne ; au loin, derrière le golfe, le Vésuve fume sur l'horizon; la lune se lève au-dessus du Campo-Santo, où l'on jette les morts de la journée : la nuit tombe sur Naples.

MORGANE, sombre et victorieuse.

C'est bien !.. (On entend le galop d'un cheval.)

LA SENTINELLE.

Qui vive !.. (Morgane écoute :)

LADY HAMILTON, à cheval, vêtue de noir et voilée, arrivant, à droite, à bride abattue.

Une femme !.. Service du Général en Chef !..

LA SENTINELLE.

On ne passe pas !

LADY HAMILTON, auprès de la tente.

Je veux parler à la duchesse Morgane de Poleastro !..

LA SENTINELLE.

Le mot d'ordre !

LADY HAMILTON.

Fais avancer un capitaine!

LA SENTINELLE, croisant la baïonnette.

Au large!.. ou je fais feu!..

LADY HAMILTON, levant sa cravache.

Place!.. (On la couche en joue.)

LEONE, sur un signe de Morgane, écartant la draperie de la tente.

Laissez passer!..

(Il tend sa main fermée à la duchesse; elle met pied à terre : EMMA LYONNA lève son voile; MORGANE, après un mouvement de surprise, porte la main à son pistolet.)

MORGANE, debout devant la duchesse.

La duchesse d'Hamilton!.. ici!..

(LEONE, tenant par la bride le cheval de lady HAMILTON, s'est éloigné.)

LADY HAMILTON.

Oui. Moi.

(Un silence. Les deux femmes se regardent profondément; la lumière de la lampe frappe le visage de MORGANE et l'éclaire; celui de lady HAMILTON reste dans l'ombre.)

Je me rends et je me remets entre vos mains, duchesse. — Faites-moi fusiller, si bon vous semble.

MORGANE, très-pâle.

En quoi serais-je à reprendre si je vous faisais lier devant un canon ?..

LADY HAMILTON, de même.

En ceci — qu'il serait inutile de me lier, car je suis peu remuante.

(Elle s'approche de la glace et se met à peigner, en souriant, ses grands cheveux blonds.)

MORGANE, pensive.

Les défis ne hâtent ni ne changent mes résolutions, Milady.

LADY HAMILTON.

Hélas! nous ne savons trembler ni l'une ni l'autre, Morgane!.. Voilà tout.

(En se rajustant, elle découvre un peu son bras, sous les dentelles noires.)

Une balle m'a effleurée et je saigne.

(Offrant gracieusement son bras à la duchesse.)

Serez-vous assez charmante ?..

(Pendant que MORGANE, qui s'est assise, attache froidement son mouchoir autour de la blessure.)

Vous êtes courroucée!..

MORGANE.

Je n'ai plus à dissimuler les dispositions meurtrières où je suis à votre égard.

LADY HAMILTON, près de la glace, à demi-détournée.

Si vous vous y laissez aller, veuillez vous souvenir, Morgane, que je ne vous ai jamais adressé qu'une destruction immédiate et violente; ainsi, n'abusez point de moi, je vous prie. — Toutefois, que sais-je!..

(Elle prend un flacon d'essences et, en parfumant ses cheveux et ses épaules:)

Si vous désirez, absolument, me voir en larmes et m'entendre crier, je vous dirais que j'ai eu l'occasion de me féliciter, dans quelques vengeances, de M. l'Exécuteur de Naples : prenez-le; maître Donato sait son métier.

MORGANE.

Milady!..

LADY HAMILTON, presqu'enjouée.

Je possédais un mince joyau espagnol dont m'avait fait présent lord Graham; c'était une

12

petite boucle, en airain ; le bijou, dans les circonstances où nous sommes, se plaçait, invisible, derrière l'oreille. — Si les mains étaient liées, on soulevait doucement son épaule, on y appuyait la tête, et à l'aide d'une petite pression de bas en haut, on s'échappait, foudroyée, de la vie, à l'instant même : — voyez! je m'en suis démunie.

MORGANE, sombre.

Sur mon âme, vous avez eu tort, peut-être!.. Un instrument précieux!

LADY HAMILTON, étonnée.

A quoi bon? — Ne savons-nous pas aimer?.. L'amour s'apprend, comme tous les arts, n'est-ce pas? Et, familiarisées avec ses supplices, nous n'avons que faire, lorsque nous aimons, de garder sur nous le poison de lord Graham! La lâcheté devant les tourments? Sottise dispensée au seul vulgaire! La peur? Triste fruit des sentiments banals et des amours permises!.. J'aime!.. Donc je suis en sûreté. — Ne sommes-nous pas des êtres qui ne nous soucions que des plaisirs infinis et qui nous damnons pour nous distraire?

— Allons! vous savez bien, Duchesse, que notre constance, à l'occasion, égale celle des martyrs anciens sans que, pour cela, nous nous croyions autorisées à nous promener avec des palmes...

(Elle s'asseoit aux pieds de Morgane qui la regarde, accoudée et impénétrable, puis elle laisse tomber sa tête sur les genoux de la Duchesse, en souriant doucement, au milieu de ses boucles d'or éparses sur la robe rouge.)

Il ne sera point difficile de me faire beaucoup de mal. Je suis d'une sensibilité presque risible : le pli d'une rose me ferait souffrir, des moments ; ainsi les tenailles ardentes suffiront pour m'exaspérer et me faire défaillir.

(Jouant à deux mains, avec ses cheveux qu'elle respire :)

Mais où prenez-vous ces parfums, Morgane ?.. En vérité, j'en ai de passables aussi, et cette essence vient de me les faire oublier !..

MORGANE.

Pourquoi — pourquoi êtes-vous ici ?.. Qui trahissez-vous ?..

LADY HAMILTON, charmante.

Est-elle curieuse !.. Et si c'était vous par hasard ?..

MORGANE.

Je sais une belle et séduisante femme qui va mourir.

LADY HAMILTON, laissant traîner ses paroles.

Et ce sera votre faute; — voyons : je veux essayer, par sympathie, de vous épargner ce remords. Ensuite, si vous avez quelques minutes à perdre avant de me faire exécuter, nous parlerons de choses moins maussades. — Morgane, vous avez été victorieuse dans cette partie inconnue que nous avons jouée ensemble; et, pour cela, croyez-moi ! je vous admire. — Ce matin, vous et le Prétendant, vous m'avez enthousiamée par votre courage; j'ai fait appel à tout mon sang-froid, et celle qui a ramassé le gant d'un héros a su comprimer, par ce fait même, une mêlée qui vous serait devenue funeste. — Pourquoi je suis ici? Réfléchissez! La Cour de Sicile est bien perdue; vous triomphez. Je n'aime pas l'exil, ayant assez langui, dans mon passé, pour tenir à cette existence de plaisirs que je me suis choisie, et à laquelle je me suis habituée. Je quitte donc ceux qui succombent; j'ai mes grandes faiblesses ayant mes grands courages. — Pour preuve de ma sincérité, je vous annonce que la famille royale va fuir, cette nuit, par les souterrains; elle va rejoindre, à Caserte, Son Altesse le duc François et l'archiduchesse Clémentine; le commandement des troupes est donné à M. d'Ariola, le ministre de la guerre. Faites garder les souterrains! je suis sûre que vous les avez oubliés. Je pouvais m'en aller avec la Cour : j'ai préféré venir, — au milieu de périls aussi grands, après tout, que ceux dont vous daignez me menacer, — vous tendre la main, simplement.

MORGANE, à elle-même, contemplant lady Hamilton.

Au surplus, il sera toujours temps...

LADY HAMILTON.

Emma Lyonna peut vous être utile; disposez d'elle. — Vous souvenez-vous de nos festins de Venise et de Gênes, des nuits joyeuses passées sous les orangers ou sur la grande lagune?.. Nous étions invincibles, alors, étant deux amies. — Ah! nous nous sommes éloignées follement, l'une de l'autre, à propos de ce petit Giorgio Silva, que nous n'aimions point!..

(Elle se soulève, un peu, et se trouve auprès de MORGANE, sur le sofa.)

Faites-moi, s'il vous plaît duchesse, une place auprès de vous; — vous êtes ma sœur et je vous aime.. — Voyez la belle étonnée!..

MORGANE.

Milady, voici ma main, selon votre désir,

(Entre LEONE :)

LEONE.

Madame la duchesse veut-elle que je porte un message au quartier général?..

MORGANE.

Plus tard. Laisse-nous, cher enfant.

LADY HAMILTON.

Ah?.. c'est mon page de ce matin!.. Le gracieux petit menteur; — c'est qu'il vous a vraiment sauvée!..

(A part, pendant que MORGANE donne des ordres à LEONE, à voix basse.)

Nous sommes profondes et terribles, toutes deux!.. C'est un duel, où va se risquer un rayaume, sur des paroles plus fines que l'acier, plus violentes que des coups de canon, plus sinistres et plus vagues que l'Océan et les ténèbres!.. Soit!.. A nous deux.

(LEONE se retire.)

SCÈNE IX.

MORGANE, LADY HAMILTON.

MORGANE, grave et charmante.

Je vous accueille dans ma tente de guerre,

selon cette courtoisie que vous invoquez ;
vous êtes la bienvenue, chère Milady !.. Je me
souviens. — Parlez : sait-on le dernier mot de
la Révolution ?.. Que devient la Cour, depuis
le départ du prince ?

LADY HAMILTON.

Oh ! figurez-vous, gracieuse rebelle, que lord
Acton m'a mise dans une gaieté folle !.. Oui..
Quand nous fûmes dans la salle du Conseil,
quand la stupeur et l'humiliation se furent un
peu calmées, lord Acton affirma tranquillement au Roi Ferdinand IV (*) que, avant cinq
heures, la sédition serait étouffée : — qu'il en
répondait sur sa tête. Il ajouta : « Votre Majesté,
par exemple, y perdra, sans doute, bon nombre
de fidèles serviteurs !.. » — Le Roi laissa échapper un geste de soulagement et d'indifférence,
— qu'il essaya de transformer aussitôt en un
geste de commisération douloureuse, mais trop
tard pour le regard glacé de ce renard d'Acton !..
Je n'y ai pas tenu ; j'ai ri comme une folle. —
Quelle comédie !.. Décidément, il était temps
que la Cour fût modifiée.

(*) On veut bien se rappeler que le Traité de Vienne n'étant
point signé à cette époque, le roi Ferdinand Ier s'appelait encore
Ferdinand IV.

MORGANE, l'observant attentivement.

Mais comment êtes-vous sortie du palais?.. Il est cerné, je pense?..

LADY HAMILTON.

Est-ce que nous ne passons point partout l'une et l'autre! J'ai bien entendu deux ou trois balles siffler à mes oreilles, mais, comme je voulais vous admirer de près, j'ai passé.

MORGANE, à elle-même.

Si d'autres s'étaient échappés, elle ne serait pas venue..

LADY HAMILTON.

Je reviens à lord Acton!.. Il se promenait, et mettait, à un prix fabuleux, la tête des conspirateurs; puis, il se laissa tomber devant son bureau, au milieu d'une étonnante prise de tabac d'Espagne, en murmurant: « Ah! peuples et rois!.. » Et il acheva sa pensée dans un revers de main qu'il donna sèchement dans ses paperasses.

MORGANE.

Et le Roi? Et Marie-Caroline?

LADY HAMILTON.

La Reine était en deuil, couronne en tête, pensive; le Roi, en grand uniforme, et frémissant, à la vue de l'échafaud, dans une pose digne de notre Charles Stuart, à White-Hall. — Alors, comme cela me fatiguait, je me suis enfuie. — J'ai l'ancien amour des aventures. (Souriante et calme :) Mes compliments, Duchesse, j'ai tout compris. — Cette révolution est un chef-d'œuvre de dévouement, de sang-froid, d'habileté profonde et d'abnégation.

MORGANE.

Vous êtes adorable, ma chère Hamilton; mais je ne mérite pas, au moins, ce dernier éloge; je partage l'avenir que j'ai donné.

LADY HAMILTON.

Oui... quelques trésors, sans doute, et quelques dignités de plus... Archiduchesse de Naples, peut-être; mais vous étiez plus digne, à mes yeux, d'être la Reine des Deux-Siciles, qu'une enfant comme la comtesse de Saintos; j'accorde ses charmes ingénus, mais votre front souverain porterait mieux le diadème, au couronnement!

MORGANE.

La plaisanterie est imprévue, Duchesse.

LADY HAMILTON, détaillant ses mots.

Oh! vous allez me dire, je le sais!.. Vous la conseillerez; votre puissant regard pénétrera pour elle les difficultés politiques et les intrigues des favoris autour du monarque nouveau... (Avec un doux sourire.) Vous serez inévitable!.. Mais il y a loin de cette suprématie, au trône même, — et, je l'avoue, je ne vous supposais point capable d'aimer... que dis-je! d'adorer à ce point une jeune fille assez ingénue ou ingénieuse, et qui n'est, en somme, que votre cousine, ou votre filleule.

MORGANE.

Que lady Hamilton s'explique... Cette fois, je ne comprends plus ses paroles.

LADY HAMILTON, rieuse, l'interrompant :

Le Duc Sergius de Souabe ne sera-t-il pas nommé, selon toute apparence, Roi des Deux-Siciles, par droit de justice et de conquête, devant la Junte assemblée?.. Et, puisqu'il aime Sione de Saintos, ne doit-il pas poser, sur le front de la jeune vierge, la couronne d'or unie à celle de fleurs d'orangers ?.. Que voyez-vous d'extraordinaire à cela, chère Duchesse?

MORGANE.

Lui ?.. Sione !.. Quelle amusante folie ?.. Sione prend le voile demain, — cette nuit même.

LADY HAMILTON, après un silence, et comme surprise.

La comtesse de Saintos ?.. — (Un silence:) Ah ?.. (Pensive :) Mettons alors que je me suis trompée. — C'est assez étrange, cependant...
(Elle la regarde fixement :) N'importe. — Reste un compliment. Ce costume guerrier, ce matin, vous séyait à ravir.

(Elle lui donne un baiser.)

MORGANE.

La singulière idée que vous avez eue là, Duchesse !.. J'avoue qu'elle ne me serait jamais venue ! — Sergius d'Albamah, n'a jamais aimé qu'une femme, et cette femme, c'est moi.

LADY HAMILTON.

Vraiment? — Mille pardons... je tombe des nuées; il me semblait... Je croyais savoir... (Comme gênée :) Enfin, Sione a dû vous faire part de son amour, cependant, pour le chevalier d'Albamah, du temps où ils habitaient ensemble, par un hasard d'hospitalité, le château de Saintos. Ils étaient même fiancés, je crois...

(MORGANE, après un tressaillement, frappe la table de son poing.)

MORGANE.

Ah! mille démons de l'enfer!.. C'était lui!.. Ce que vous dites est terrible.

LADY HAMILTON.

Vous ne le saviez pas?.. Oh! je viens de trahir un secret.. vous me voyez confuse... (Comme à elle-même, et d'une voix presque indistincte:) Je ne m'explique pas qu'elle ne vous l'ait point exprimé... C'est mal. C'est un manque de confiance presqu'étrange de sa part!.. — Envers vous, surtout. (Haut :) Au surplus, qu'importe!

MORGANE, sombre, à part.

Pourquoi ne voulait-elle pas me dire son nom!..

LADY HAMILTON.

Je me tais. Je n'y conçois plus rien. Je vous

croyais d'accord tous les trois. J'avais même, entre nous, quelques raisons — insignifiantes, parait-il, — de penser que vous l'étiez, pour consommer cette insurrection. Voici : — Sergius d'Albamah, prisonnier, ne pouvant rien par lui-même, se servait de vous pour reconquérir son trône et l'offrir à sa maîtresse, et comme sa maîtresse était votre filleule bien-aimée, je m'expliquais, jusqu'à un certain point, en vous admirant beaucoup par exemple, la complaisance... sublime... que vous mettiez à favoriser leur triomphe et leurs amours...

MORGANE, essayant de lutter contre elle-même.

Mais vous me parlez, au surplus, d'un rêve d'enfant qui s'est effacé!..

LADY HAMILTON.

Ils ne s'aiment plus?.. Ah! c'est différent. — Comme tout passe vite! Quoi, vraiment, Sione n'a laissé paraître aucune émotion la première fois qu'il lui a été donné de revoir le Prince!

MORGANE, cherchant à se rappeler.

Aucune... (Brusquement:) — Ah! Je me souviens! Elle s'est évanouie et il se troublait!

LADY HAMILTON, avec un frais éclat de rire.

Elle est intelligente votre petite Sione; elle était déjà fort coquette au château de Saintos...

MORGANE, agitée.

Enfin — c'est impossible; elle va partir; elle prend le voile, vous dis-je! — C'est impossible.

LADY HAMILTON.

Décidément, je ne vous comprends plus; — mais ce ne sont point là mes affaires. Cette résolution est belle, voilà tout. — Pour ce qui est de l'amour, conçoit-on les gens!..

(Des rayons de lune éclairent la scène à l'extérieur; SIONE voilée, au bras de SERGIUS, sort du palais de Saintos, en causant à voix basse et traverse la scène lentement.)

SCÈNE X.

MORGANE, accoudée, les yeux fixes et pensifs ; LADY HAMILTON, debout, près d'elle, dans la Tente; — A l'exterieur SERGIUS D'ALBAMAH, traversant la place avec SIONE DE SAINTOS.

LADY HAMILTON, soulevant une draperie et les voyant:

(A part :) Oh!.. Viendraient-ils détruire mon œuvre!..

MORGANE.

Q'uest-ce?.. Qu'y a-t-il?

LADY HAMILTON, comme embarrassée.

Rien...

MORGANE.

Laissez, je veux voir!..

LADY HAMILTON.

Mon Dieu, c'est que j'aperçois le Prince et la comtesse de Saintos qui se promènent au bras l'un de l'autre.

MORGANE, soulevant la draperie.

C'est vrai!.. encore ensemble!.. (A part, les suivant des yeux :) Elle m'avait dit qu'elle partait!..

LADY HAMILTON, les regardant s'éloigner.

Ne trouvez-vous pas une chose, Morgane?.. — Pour des cœurs indifférents, pour une future novice, ils paraissent penchés fort tendrement l'un vers l'autre!.. — Mais c'est, peut-être, une illusion. — (La regardant en face.) — Comme vous êtes pâle!

MORGANE.

Je croyais cependant connaître cet homme et cette enfant !..

(Sergius et Sioné disparaissent à droite.)

SCÈNE XI.

LADY HAMILTON, MORGANE, seules.

LADY HAMILTON.

J'imaginais que vous saviez mieux la vie et qu'un trône a de quoi séduire les consciences même des enfants !.. (Relevant la draperie et étendant la main :) Ils sont déjà bien puissants!.. Voyez: la Comtesse prend dans son aumônière des poignées d'or qu'elle donne, en se penchant, elle-même, avec un charme auguste... — C'est d'une bonne sœur de charité.

MORGANE.

Oh !.. je deviens folle! Je n'ose pas regarder en face ces soupçons horribles!

LADY HAMILTON, laissant tomber la tenture.

Je crois qu'ils vous aiment, d'ailleurs et que, — par eux, du moins, — vous serez bénie : vous avez toutes leurs bonnes grâces et nul doute que leur libéralité envers vous...

MORGANE, bondissant.

Savez-vous bien, Milady, qu'il n'est jamais trop tard pour moi!.. Que, si je voulais, d'un signe, je briserais la révolution comme je brise cette plume!

LADY HAMILTON, infernale.

Pourquoi?.. Quel est cet enfantillage!.. Ah! çà, qu'avez-vous, Duchesse? Est-ce la peine de se troubler ainsi pour des difficultés d'ambition? pour un titre de plus ou moins! Je crois m'apercevoir que vous aviez d'autres vues... mais la comtesse de Saintos est d'une si candide inexpérience... d'un désintéressement si naïf!.. ce sera presque une régence pour vous! (Ingénuement :) Enfin, vous n'aimez pas le Prince, vous?..

MORGANE.

Je ne l'aime pas!.. moi!.. Sergius?..

LADY HAMILTON, joignant les mains.

Vous l'aimez!

MORGANE.

Plus que le Trône! plus que la vie!.. plus que mon âme!

LADY HAMILTON, s'agenouillant près d'elle, caressante.

O! Madame!.. chère belle aimée!.. pardonnez-moi! — j'ai dû vous faire bien de la peine, tout à l'heure, sans le savoir!.. Mais pouvais-je penser que vous ignoriez cela?.. il n'est bruit que de leur amour!..

MORGANE.

Ils me trahissaient!.. moi!..

LADY HAMILTON.

Est-ce que la passion raisonne! Tout paraît permis à ceux qui s'aiment... vous trahissiez bien, vous, pour votre amour, votre pays et votre roi!.. Ils s'embrassaient dans les jardins royaux presque devant nous, ce matin!

MORGANE, lui saisissant les mains.

Ils s'embrassaient, dis-tu? — Oh! prends garde de me mentir!..

LADY HAMILTON, soulevant la draperie.

Ma chère Morgane!..

(Étendant la main tout-à-coup et d'une voix basse et rapide :)

Tenez — au bout de cette rue, — sous les reverbères — voyez!.. elle monte en carosse ; — ils se parlent bas; — un rendez-vous pour cette nuit, sans doute!.. Ils s'embrassent!..

MORGANE, avec un cri terrible.

Ah!.. malédiction!.. je les ai vus!..
(Elle cache son visage dans ses mains.)

LADY HAMILTON, se dressant, froide, terne, impassible, derrière elle.

(A part.) La Reine est sauvée.

MORGANE, se dressant, également.

Sur mon âme éternelle, ils ne triomphent pas encore!.. (Elle s'asseoit, livide, près de la table et écrit différentes lettres d'ordres en s'interrompant :) — C'est à douter de la lumière!.. — C'est à souhaiter le grand sommeil... C'est à faire honte d'être de la race humaine, — mais je les ai vus!.. (Elle plie ses lettres vivement.) — Et je me croyais criminelle!.. Et cette monstrueuse enfant... — (Appelant :) Leone!..

SCÈNE XII.

LADY HAMILTON, MORGANE, LEONE, ENTRANT, PUIS DES INSURGÉS.

MORGANE, continuant.

De quelle race suis-je donc?.. Et quels sont ceux qui doivent m'approcher!

LEONE.

La duchesse m'appelle?

MORGANE.

Cet ordre à milord Pembroke!.. Cet autre, en passant, au commandant de la division qui cerne le palais du Roi... Cet autre à M. de Selva!..

(Le rappelant.)

— Attends!.. que je relise... car j'ai du sang dans les yeux!..

(Une fois relus.)

— Va vite, envoie dix! quinze! vingt courriers!..

Leone sort.

— J'ai le cœur malade: l'enfer me brûle les

yeux! l'air m'étouffe! mes ongles saignent... la jalousie, eh bien oui!. la jalousie!.. et la rage, — me font mourir!..

(A un courrier qui arrive.)

— Tenez!.. à l'amiral Saintos!.. De la rade on peut voir les feux de Procida, d'Ischia et de Caprée... on y sait mon nom, déjà : traversez le golfe!..

(A un autre.)

Tiens, cours à Castel-Nuovo! porte cela au comte de Montecelli!..

(A un autre.)

— Ceci au comte Ricci, — va!.. — C'est fait!.. — je préfère cela!.. — Tout est perdu.

(Elle retombe, immobile, anéantie, et cache son front dans ses bras croisés.)

SCÈNE XIII.

MORGANE, LADY HAMILTON, seules.

LADY HAMILTON, toujours froide et lente.

Calmez-vous, Morgane!.. que faites-vous, juste ciel!.. vous me faites frémir!

MORGANE, sans voir et sans entendre.

Quel réveil!.. Au moment où je croyais tenir la couronne!.. Ah! c'est à se réfugier avec plaisir parmi les tombeaux. Ces yeux purs, ce front clair que j'aimais en elle... mensonge ! fourbe ! lâcheté !.. (Presque froidement.) Ah ! cette fois, c'est affreux !..

LADY HAMILTON.

Vous pouvez encore...

MORGANE, effrayante, brusquement.

Eh ! laissez-moi !.. vous ! Vous le saviez bien, à la fin, que je l'aimais !.. vous connaissiez cette trahison épouvantable !.. et c'est maintenant que vous m'avertissez ! c'est maintenant que vous me faites voir clair !..

LADY HAMILTON, grave.

Non, je ne le savais pas ! Mais, si je l'avais su, je serais venue te le dire, en voyant ta grande âme, ton invincible courage et ton amour méconnus et trahis par ceux qui te doivent plus que la vie ; je serais venue, Morgane.

MORGANE.

J'ai envie de mourir.

LADY HAMILTON, avec un doux sourire.

Sans te venger ? — Oh !.. je ne veux pas qu'il

soit dit qu'une petite fille et qu'un aventurier se seront impunément raillés de toi!

MORGANE, se cachant le visage.

Me venger de ce que j'ai aimé!..

LADY HAMILTON.

Mais le Roi...

MORGANE.

Ferdinand IV est libre!..Quand je commande, on m'obéit. Qu'il monte à cheval!.. A sa place, il y a longtemps que j'y serais, fût-ce au milieu de la mitraille... Le palais n'est plus cerné! les souterrains sont déserts!..

LADY HAMILTON.

Comment! ces courriers...

MORGANE.

Ont fait que je suis vaincue, te dis-je! (Bruit de cavalerie.) Tiens! c'est déjà fini! (Se levant:) Ecoute! c'est de la cavalerie royale!.. Reconnais-tu le bruissement des sabres des cuirassiers et des dragons!.. Ils s'échappent des casernes, condamnées, ce matin, sous peine du feu! — Va, tout est bien perdu.

(Les vitraux de l'Église s'illuminent : — Orgues, préludant le *Te Deum*. — Depuis quelques instants des soldats sont arrivés sur la place ; le MAJOR EAQUE paraît à quelques pas de la Tente, suivi de sbires et de dragons ; — les sentinelles, couchées en joue, se rendent silencieusement ; — on les garrotte et on les entraîne pendant les paroles de MORGANE ; LADY HAMILTON sort de la Tente, fait un signe au MAJOR EAQUE, qui embusque ses soldats et se cache.)

SCÈNE XIV.

LADY HAMILTON, MORGANE, LE MAJOR EAQUE, LES SOLDATS.

LADY HAMILTON, dans la tente.

Venez alors, Duchesse !..

(Elle lui jette son bras autour de la taille ; MORGANE laisse tomber sa tête sur l'épaule de lady HAMILTON qui l'entraîne hors de la Tente.)

MORGANE.

Laisse-moi ! Laisse moi, Lyonna !..

LADY HAMILTON, à part, la considérant.

Cette femme est plus grande que moi !

(A la duchesse, changeant de voix, tout à coup :)

Ecoute : tu es ma prisonnière ! — Veux-tu la vie ?

MORGANE, r'ouvrant les yeux, et la regardant, après un épouvantable silence :

Non.

LADY HAMILTON.

Alors, adieu. (Se reculant :) — Commandant! faites votre devoir!

LE MAJOR EAQUE.

A moi, soldats! Emparez-vous de cette femme!

(Les torches illuminent la scène, les soldats accourent; deux Gardes du Roi viennent saisir les mains de la Duchesse de Paleastro.)

(A MORGANE, qui est comme réveillée et interdite :)

Rebelle, Régicide, Incendiaire!.. — Ta tête va rouler sur cet échafaud que tu as préparé pour ton Roi! Tu es condamnée sans jugement ni sursis, comme les espions et les traitres!.. — (Se retournant :) — Maître Pasquale de Simone, au nom de la Reine, je vous requiers pour l'exécution!..

(Dépliant un parchemin :)

« Nous, Ferdinand IV, roi des Deux-Siciles et de Jérusalem, apposons notre signature à l'arrêt de la Chambre étoilée convoquée et instruite en notre Palais de Naples, et qui condamne à la peine capitale la Duchesse Morgane de Poleastro, comtesse de Luz et comtesse de Saintos, comme coupable des crimes de lèse-majesté et d'assassinat. »

(A Morgane :) As-tu quelque chose à dire à cet arrêt?..

(Un silence. — Le Bourreau, pendant la lecture de l'arrêt, est monté sur l'échafaud, a dévoilé le billot et s'est appuyé sur la hache. — MORGANE, d'un mouvement terrible, se dégage des deux soldats, ajuste de son pistolet la duchesse d'HAMILTON, et, sans faire feu, le jette loin d'elle.)

MORGANE.

Non. — Je méprise trop ta vie pour te la prendre! Malgré ton courage et ta beauté, je te trouve petite et déshonorée.

(Marchant vers les soldats, stridente :)

Arrière, valetaille! — Je me rends!

(On recule devant elle; — le glas sonne un coup.)

(A part :) Il ne me déplaît pas, d'ailleurs, de mourir solitaire.

SCÈNE XV.

LES PRÉCÉDENTS, LEONE.

LEONE, qui s'est élancé vers elle.

Au milieu de ces soldats!.. Madame! — O ciel!.. que se passe-t-il!.. mon Dieu!..

MORGANE.

Ah?.. mon page!

(Lui nouant ses bras autour du cou :)

Noble et doux enfant! Tu étais fidèle! Je veux t'embrasser, petit page : ne pleure pas.

LEONE.

Oh! ma tête se perd!.. Voulez-vous que j'essaie de vous défendre!.. que je...

(Morgane, en souriant tristement, l'attire sur sa poitrine et l'embrasse au front.)

LE MAJOR EAQUE.

Elle lui a parlé à l'oreille!..

(Il fait un signe : un coup de feu part :)

LEONE.

Seigneur! (Il tombe.)

MORGANE.

Scélérats!.. Un enfant!..

(Elle s'agenouille près de Leone, prend sa tête dans ses bras et pleure.)

LEONE, souriant.

C'est à cause de vous; ne me plaignez pas.

MORGANE.

Adieu, cœur pur! cher enfant que j'ai regardé

trop tard et que mon premier baiser fait mourir!.. Adieu, Leone!..

LEONE.

Ah! Cette tente!.. ces torches!.. Cela tourne devant mes yeux ensanglantés!..

(Il chante, à demi-voix, vaguement :)

« C'est la noire Sirène,
« O nautonniers perdus
« Dans l'onde souterraine!.. »

Adieu, adieu, Morgane!..

(Il meurt, la main de la duchesse sur les lèvres.)

SCÈNE XVI.

Les Précédents, puis SERGIUS D'ALBAMAH,
Le Comte RICCI, Le Comte DE MONTECELLI,
Le Chevalier D'ASSUNTA, SPECIALE DE SAINTOS,
Lord PEMBROKE.

MORGANE, après un silence et se relevant :

Place, maintenant, sous cette hache, pour la tête d'une Reine de Sicile!

(Roulement de tambours.)

(MORGANE fait un pas vers l'échafaud; un Moine se présente; le glas sonne un coup; — elle monte les degrés.)

ACTE QUATRIÈME

LES MOINES, psalmodiant au pied de l'échafaud, le cierge à la main, entourés par la haie des soldats.

« De morte æterna
« Libera nos, Domine! »

LE MAJOR EAQUE, l'épée nue.

Présentez armes!..

(L'ordre s'exécute :)

MORGANE, sur l'échafaud, les cheveux rejetés en arrière, le front levé, sublime.

Adieu, Sicile glorieuse!.. Étendards!.. Armées!.. Fantômes!.. Adieu, grand rêve d'amour et de gloire!.. — Autant mourir.

(Tombant à genoux devant le billot et se retournant vers l'Exécuteur :)

Fais vite.

(Elle écarte ses cheveux, en les partageant sur le sommet de sa tête, puis pose le cou sur le billot.)

(Au moment où le Bourreau lève sa hache, il se fait un mouvement, sur la place, comme sous le reflux de gens invisibles. Le Comte de MONTECELLI et le Chevalier d'ASSUNTA, l'épée au poing, terrassant, à coup de pistolet, les soldats les plus proches et écartant les Moines, se précipitent, à droite. — Le Comte RICCI, le Baron de SAINTOS et Lord PEMBROKE, exécutent la même irruption à gauche, tandis que SERGIUS d'ALBAMAH, couvert de sang et faisant tournoyer son épée, s'élance sur l'escalier, saisit à bras-de-corps le Bourreau, lui enlève sa hache et le précipite. — Alors, au milieu du tumulte et de la stupeur, il relève MORGANE et la prend dans ses bras; puis, un pied sur le billot et brandissant la grande hache il regarde la foule.)

SERGIUS.

Ah! vous vous croyiez vainqueurs, déjà!.. Pas encore! misérables!.. Arrière! corbeaux avides! Si l'un de vous fait un pas, si un coup de feu est tiré, j'agiterai cette hache! A ce signal, vous serez mitraillés tous et demain je sèmerai du sel sur les ruines de Naples!

MORGANE, le regardant.

Lui!.. Lui!..

(Les mousquets s'abaissent sur SERGIUS et sur MORGANE de tous les côtés.)

SCÈNE XVII.

LES PRÉCÉDENTS, LE ROI, LE COMTE DE THURN, LORD ACTON, entrant à cheval.

LE ROI, étendant la main.

Assez de sang, aujourd'hui!..

SERGIUS, s'arrêtant sus les degrés de l'échafaud.

Comment! Ils ont laissé fuir le Roi!.. — Qui donc nous a trahis?..

MORGANE, dans les bras du Chevalier, relevant la tête, et le regardant en face, les yeux sur ses yeux :

Moi.

(La toile tombe.)

FIN DU QUATRIÈME ACTE.

ACTE CINQUIÈME.

L'ancien Oratoire des Pélerins dans l'*In-Pace* des Camaldules de Salerne.

Grande salle aux voûtes élevées. — Piliers. — Lampe sombre, suspendue.

A droite, 2⁰ plan, porte à deux battants, de style religieux et ancien, cerclée de fer, s'ouvrant sur les galeries intérieures du cloître.

Au fond, porte principale s'ouvrant sur l'intérieur de l'Église ; — murailles semblables aux murailles des prisons et des catacombes. Aspect froid et humide.

Des bustes grecs, en bronze, en basalte et en pierre, des vases d'or et d'argent, des statues et des tableaux sont jetés, comme à la hâte et avec mépris, le long des murs.

A gauche, au 1ᵉʳ plan, porte pareille à celle du 2ᵉ plan de droite.

Au 2ᵉ plan, fenêtre ; derrière les vitraux, barreaux de fer ; presque devant la fenêtre, est dressée, sur un piédestal élevé et contre une balustrade praticable, une grande statue de marbre noir. Aux pieds de la statue est tombé un vaste linceul d'une étoffe sombre.

Au 3° plan, arceaux profonds, vus de face, et qui se prolongent dans toute l'aile du cloître.

Au lever du rideau, MORGANE, vêtue de la robe des novices, les pieds nus et lacés sur des sandales, la corde autour des reins, est étendue à terre, la tête appuyée sur le chevet d'un lit de prison ; un cierge funèbre brûle aux pieds du lit.

SCÈNE PREMIÈRE.

MORGANE, seule, se soulevant :

Prenons patience : c'est la dernière nuit. Ces murs sont hauts ; ces barres de fer sont solides... aucune espérance : qu'importe, d'ailleurs, toute espérance, maintenant? Il est prisonnier, lui aussi : exécuté, déjà, peut-être...

(S'accoudant :)

Que reste-t-il de tout ce rêve? Naples, funèbre, a compté ses morts et s'est endormie, et, me repliant dans la défaillance de mon cœur, moi aussi, je compte mes morts.

(Un silence :)

Cloître, sois maudit. Tes barreaux de fer sont ridicules. Puissent les filles sans passions qui se traînent dans tes entrailles de pierre, n'avoir pour toi, chacune à sa dernière heure, qu'un sourire de haine!..

SCÈNE II.

MORGANE, L'ABBESSE, PUIS, A LA FIN, SIONE.

L'ABBESSE, entrant à droite, une lampe à la main.

Voici votre pain et votre eau.

(Elle pose une coupe de fer et du pain noir près du lit :)

Ce n'est point le pain et l'eau de la communauté; il nous est interdit de partager notre nourriture avec les condamnés. — Vous étiez en prières?..

MORGANE.

Si vous le croyez, pourquoi me troublez-vous?

L'ABBESSE, écartant sa pèlerine et découvrant sa croix abbatiale.

Votre heure est proche : le soleil ne se lèvera plus pour vous; demandez des forces à Dieu.

MORGANE.

Ah! mon heure est venue; bien : je suis prête. Combien de minutes?..

L'ABBESSE.

Cinquante, à peu près : les Camaldules viendront vous prendre, au premier coup de cloche, pour vous conduire à la chapelle ardente.

MORGANE.

Puis-je connaître les termes de l'exécution?.. Ai-je même un échafaud?

L'ABBESSE.

Du courage, ma sœur!..

MORGANE, avec un sourire amer.

Du courage?.. on ne craint pas que j'échappe aux supplices par une fin volontaire, puisque je ne suis pas liée! Que signifie cela!

L'ABBESSE.

La duchesse d'Hamilton, en reconnaissance de votre accueil, vous épargne l'angoisse des tourments. (Elle regarde la coupe de fer :) La mort vous surprendra même avant que les bras séculiers se soient saisis de votre personne.

MORGANE, grave.

Ainsi soit-il.

L'ABBESSE, se retournant et apercevant la statue.

Mais, j'avais voilé ce marbre dont la vue n'est point faite pour les yeux purs de celles qui sont ici! Qui a dérangé ce linceul?..

MORGANE.

Demandez-le au vent qui passe dans ces ruines! (Frissonnante.) J'ai froid. Que m'importent vos statues!

L'ABBESSE.

Nos statues!.. Pensez-vous que nous ayions affaire de Dieux païens dans le monastère?..

Ce marbre n'est ici que pour échapper à la fureur de ce peuple que vous avez déchaîné, — « et qui brise, au hasard, ce qu'il rencontre dans sa colère !.. »

(S'approchant de la statue.)

Sans l'ordre de la Reine, j'eusse anéanti, moi-même, ce beau chef-d'œuvre du Démon !

(Elle ramasse la draperie noire, puis, la lampe à la main, elle monte les marches de la balustrade de pierre.)

N'est-ce point *le Pluton adjurant les Mânes, par le Styx* ?.. Oui, c'est le marbre de Phidias ! Je le reconnais... Je n'ai quitté le monde que d'hier.

(Après un geste terrible :)

Que sont tes formes, dans leur scandale, devant la beauté des cieux, — « dont l'éclat nous éblouit ?.. »

(Jetant le linceul sur l'idole et l'en couvrant toute entière :)

En attendant qu'on vienne le reprendre, qu'il soit caché !

MORGANE.

C'est ainsi que les Dieux deviennent des spectres.

L'ABBESSE, éclairant la statue avec sa lampe.

Que ton bras levé, dans son orgueil, nous serve au moins à quelque chose!..

(Elle place la lampe dans le poing levé de la statue :)

Esclave, porte la lampe des chrétiens!..

(Elle redescend, près de Morgane.)

MORGANE, à elle-même, regardant l'Abbesse.

C'est toi, l'esclave!.. Autrefois le vent n'emportait d'ici vers les cieux que les chants à la Déesse, les chants des peuples guerriers et libres!.. Aujourd'hui, sous les arceaux des cloîtres, il répète les plaintes des vierges prosternées; le vent dispersera les prières, comme les chants.

L'ABBESSE.

L'une de nous est appelée à vous préparer à mourir.

MORGANE.

Il n'y a de commun entre mon âme et les vôtres que l'abîme qui les sépare à jamais. Qu'on me laisse seule à mes derniers moments.

L'ABBESSE.

Vous recevrez, j'en suis sûre, celle dont je vous parle...

(La porte, s'ouvre, à gauche : — entre Sione.)

La voici !

MORGANE, la reconnaissant.

Terre et cieux !..

L'ABBESSE.

Je vous laisse.

(Elle sort).

SCÈNE III.

MORGANE, SIONE.

SIONE, dans le costume religieux.

Oh !.. condamnée !.. (Elle se jette dans les bras de MORGANE en étouffant : — MORGANE la reçoit et la regarde silencieusement. Les sanglots empêchent SIONE de parler : haletante, elle ne peut prononcer que des cris :) Dieu ! O mon Dieu !..

MORGANE, à elle-même.

Pour la première fois de ma vie, je crois que — je tremble. (Haut.) — Sione, ma fille bien-aimée, n'aie point peur !.. Ce n'est rien, te dis-je. Mourir aujourd'hui, ce soir, demain ?.. Qu'est-ce que cela fait ! Calme-toi ; — (Elle l'embrasse, sinistre.) Tu seras une sainte, au paradis.

SIONE.

Oh!.. (Elle tombe, comme anéantie, auprès du grabat.)

MORGANE, froidement, après un long silence.

Ah! çà, réponds, exécrable enfant! Réponds, ou je t'étrangle ici, sans pitié, de mes mains moribondes!

SIONE, terrifiée et se relevant à demi.

Miséricorde!..

MORGANE, lui appuyant les mains sur l'épaule.

A genoux!.. Tu n'avais pas de mère, et je t'ai donné mon sein profond pour y dormir et mes caresses pendant le sommeil! J'ai baisé mille fois tes cheveux, quand tu étais toute petite, et tes petits pieds! j'en étais folle, Dieu sait!.. Est-ce que je ne t'ai pas emportée dans mon manteau, la nuit, quand je fuyais, dans les dangers? Et tu riais sur mes lèvres! Et tu étais ma conscience blanche, à moi, qui suis chargée de crimes! Je t'adorais. Enfin, je ne t'avais rien fait. — Mais je crois que je t'aurais donné mon trône que tu m'as fait perdre, scélérate, si tu me l'avais demandé!.. J'ai déchiré des louves qui m'auraient aimée, à ta place!..

SIONE.

O ciel!..

MORGANE, les bras croisés, pensive, à voix basse.

Ainsi, pareille aux animaux qui errent sur les grèves après les naufrages et qui poussent dans l'ombre des gémissements qui sont des rires affreux, tu viens considérer les agonies!.. Que signifient tes yeux hagards?.. Penses-tu me donner le change? Tu aimais mon amant, misérable! Tu m'as trompée. Horriblement. Pourquoi l'embrassais-tu, lâche cœur, l'autre soir dans le carosse? Je t'ai vue; — elle aura beau mentir; je l'ai vue!.. Savais-je ce qu'il était pour toi? — (Froide :) Sione, écoutez : vous êtes une fille indigne de l'Enfer.

SIONE, se relevant et lui saisissant les mains.

Ah! Regardez-moi : je vous défie de me regarder!

(MORGANE la contemple un moment, puis détourne les yeux : un silence.)

MORGANE.

Mensonge!..

SIONE.

Mais ne voyez-vous pas mes cheveux coupés!

mes yeux rouges de larmes! Ai-je l'air heureux?.. Suis-je pareille aux fiancées?

MORGANE.

Tu oses!.. Je t'ai vue, te dis-je! Je t'ai vue me trahir avec lui!

SIONE, doucement.

Moi!.. Je n'ai pas le visage des traitres...

MORGANE, après un moment d'anxiété profonde.

Tu me troubles! tu m'épouvantes!.. Sione tais-toi!

SIONE.

Je suis une pauvre désespérée!.. Je deviens folle! je deviens folle! Me taire. Quand vous allez périr et que je suis votre enfant!.. Morgane, ma bien-aimée, croyez-moi! jamais vous ne fûtes plus aimée!.. Au nom de la Clémence, songez que vous allez comparaître, dans un instant, devant Dieu. — Songez que c'est la dernière heure... que les bourreaux... (Elle pousse un cri:) Mon Dieu! inspirez-moi! prions ensemble!

MORGANE.

(A part :) — Oh! J'ai peur de comprendre!.. (Haut :) Mais je te vois encore, l'embrassant!..

SIONE.

J'ai embrassé dans mon dernier adieu celui qui fut mon fiancé, et qui devenait mon frère! Que voulez-vous dire, Morgane?.. Est-ce l'heure de rappeler encore tout ce passé!

(Au fur et à mesure que SIONE a parlé, les traits de Morgane se sont contractés, et ses genoux ont fléchi.)

MORGANE, se trainant aux pieds de Sione et lui embrassant les mains :

Alors, — aie pitié de moi, mon enfant!..

SIONE, se reculant.

Priez!.. Songez à Dieu! Oubliez-moi.

MORGANE, se trainant à ses pieds.

Ah! pardonne!.. Un mot de ta bouche m'ouvrira des abîmes de repentir! Je suis misérable. Comme ils m'ont aimée et vaincue! Ah! ce sont de lâches démons! Ma pauvre enfant! pardonne-moi!

SIONE, avec un sourire ineffable.

Vous pardonner!..

(Les deux femmes, dans leurs grands vêtements, sont arrivées près de la porte de droite : à ce moment, la fenêtre s'ouvre; on entend grincer un barreau; MORGANE se retourne. Un cavalier masqué paraît à la fenêtre, tenant à la main le barreau de fer.)

SIONE, d'une voix éperdue.

Tenez!.. C'est lui qui vient vous chercher!..

(L'inconnu saute dans la salle et ôte son masque: c'est SERGIUS D'ALBAMAH.)

SCÈNE IV.

SIONE, SERGIUS D'ALBAMAH, MORGANE.

MORGANE.

Lui!..

SERGIUS, la prenant dans ses bras.

O ma bien-aimée!.. je t'apporte la liberté, la vie! Je viens te sauver, — écoute vite!

MORGANE, accablée, ne sachant ce qu'elle dit.

Tu as eu la force de t'échapper?

SERGIUS.

Ecoute!.. Montecelli et Franz sont là, dans la montagne! Ils gardent nos chevaux. Viens! nous sommes libres; l'herbe étouffera le bruit de notre fuite sous le couvert!

MORGANE, de même.

Grand Dieu!.. Et les autres?.. Et Leone, hélas!

SERGIUS, se découvrant.

Morts fusillés! hier au soir. C'étaient de braves amis!.. Dieu ait leur âme. — Morgane, je sais bien que des êtres comme nous, après avoir rêvé la puissance des rois ne se proposent pas des chaumières!.. On ne se réveille pas d'un rêve comme le nôtre!.. Mais, tout n'est pas perdu! Nous pouvons revenir un jour et nous venger! Fuyons!.. Quand nous devrions aller mourir dans un ravin, — mais ensemble!

SIONE, se tordant les bras dans l'ombre, agenouillée.

Hélas! je puis encore souffrir!..

MORGANE.

Attends! les rayons de la lune éclairent ces vitraux : dans une minute ils frapperont ceux de l'église et cette fenêtre sera sombre : c'est plus sûr.

SERGIUS.

Mon admiration pour le sang-froid de ton âme en face des dangers n'égale que mon amour pour toi tout entière!.. (L'étreignant.) Il nous reste l'amour, encore! Nous pouvons fuir loin; le monde est vaste; nous aurons toujours le ciel et les forêts...

MORGANE, la tête sur la poitrine du prince.

Oh! c'est trop de joie et de remords! (Comme dans le délire) Y a-t-il encore des gondoliers, là-bas, dans la vie, pour chanter leurs chants si doux que je n'espérais plus entendre!..

SERGIUS.

Et nous trouverons l'oubli de l'insignifiante humanité! Nous aurons la beauté des solitudes enchantées! Les vastes pays où l'on respire à pleins poumons le grand air du ciel!..

MORGANE.

La fenêtre n'est point noire encore! n'importe : j'ai hâte : Viens! j'aime la vie! Je veux vivre! pour t'adorer! pour te consoler! Oh! si j'avais su autrefois que je t'aimais tant!

SERGIUS, l'entraînant vers la fenêtre.

C'est le bonheur! C'est l'avenir...

(Au moment où ils vont fuir, on entend un coup de cloche dans la nuit.)

MORGANE, reculant et fermant précipitamment la fenêtre.

Tais-toi. C'est la mort! J'avais oublié, dans tes bras, la Mort elle-même!

SERGIUS.

Qu'est-ce donc ?

MORGANE, regardant autour d'elle.

Trop tard !

SERGIUS.

Morgane !.. Parle-moi !

MORGANE, bas et vite.

La corde est-elle de la couleur de la muraille ?

SERGIUS.

Sans doute : mais qu'y a-t-il ?

MORGANE.

Il y a que les soldats m'attendent et les bourreaux ! Il y a que ces misérables filles se lèvent, dans la nuit, et viennent me prendre pour me conduire au bûcher !

SERGIUS, terrible, le barreau de fer à la main.

Auparavant, je t'aurai tuée, moi-même, et vengée !.. Mais pourquoi ne point fuir par cette fenêtre ?

MORGANE, regardant de tous côtés.

Malheureux ! Penses-tu que ce soit un monastère comme les autres, celui-ci ! Et mes geôliers !.. et les espingoles, toutes chargées, des dragons que le coup de cloche vient d'éveiller, en face de la fenêtre !.. — Allons, cette fois — nous sommes bien perdus.

SERGIUS, apercevant Sione qui s'est approchée.

Quelle est cette femme !.. Dieu !.. Vous, Sione !

MORGANE, près de la fenêtre.

D'ailleurs, nous n'aurions pas le temps, avant qu'on ne s'aperçoive de mon évasion !.. O rage !.. Ces fossés pleins d'eau... C'est impossible !..

SIONE, à Sergius.

Si vous pouvez vous cacher une minute, j'essaierai de vous sauver tous deux. (A part, chancelante) Je me sens mourir.

MORGANE, dont les yeux égarés tombent sur la statue.

Ah !.. Regarde !

(Elle se précipite sur la balustrade et enlève la lampe et les draperies noires.)

SERGIUS.

Attends! attends!

(Il s'arqueboute contre le piédestal et saisissant la statue par les flancs, la pousse, à travers les barreaux, par la fenêtre, dans la nuit.)

MORGANE, prêtant l'oreille.

Les entends-tu?.. Elles montent!.. Ah! vite! vite!..

(Orgues dans l'intérieur de l'Église.)

CHŒUR DES RELIGIEUSES, en dehors, entonnant le psaume des condamnés.

« Miserere mei, Deus !
« Secundum magnam
« Misercordiam! »

(SERGIUS a refermé la fenêtre, est monté sur le piédestal, s'est enveloppé dans les linceuls noirs, complètement; puis tendant son poing voilé dans l'attitude de la statue, il élève la lampe au-dessous de sa tête et reste immobile.

MORGANE, se jetant à genoux près du lit.

Ne soit pas ému!.. on verrait trembler la lumière.

SIONE, debout près d'elle.

Oh! l'horrible terreur!.. (Elle ferme les yeux.)

SCÈNE V.

MORGANE, SERGIUS, SIONE, L'ABBESSE, LES CAMALDULES.

(L'Orgue éclate dans l'Église; le glas retentit; les grandes portes latérales s'entr'ouvent et les deux files des Camaldules, dans le grand costume des Adorations nocturnes, entrent, et se déroulent sous les voûtes, le cierge à la main. L'Abbesse, tenant sa crosse d'ébène, marche la première; Sergius, immobile, éclaire la procession fantastique qui passe devant lui, à ses pieds.)

CHŒUR DE RELIGIEUSES, à pleines voix.

« Et in peccatis
« Concepit me mater mea! »

(Elles se rangent aux deux côtés de la scène; — Sione, frémissante, marche vers l'Abbesse et lui parle à voix basse. — L'Abbesse fait un signe de tête. La porte du fond s'ouvre et l'on voit la chapelle ardente dressée dans l'intérieur de l'église.)

L'ABBESSE, à demi-voix, à Sione.

Nous allons nous mettre en prières un quart d'heure; le prêtre est déjà prosterné; — fais qu'elle soit prête; passé ce temps, je n'ai pas le pouvoir de la garder ici!.. Eteins le cierge; sa vie est terminée.

(Les Camaldules entrent lentement dans l'église : les portes se referment. La scène redevient obscure.)

SCÈNE VI.

MORGANE, SERGIUS, SIONE, puis la voix de MONNA JAHELI.

MORGANE, se relevant.

Oh! des forces!.. Je ne puis même pas me traîner jusqu'à l'échelle! J'ai soif!..

SERGIUS, r'ouvrant la fenêtre.

Je te porterai, Morgane — et il y a des sources fraîches, dans la forêt!

(Il s'arrête, comme frappé d'un souvenir, après avoir prononcé ces paroles, au hasard.)

MORGANE, ayant saisi la coupe de fer.

Tout à l'heure, tu étais un fantôme!.. Assujettis l'échelle, Sergius!

(Sergius tressaille silencieusement sans bouger et profondément sombre.)

SIONE.

Vite! vite!..

LA VOIX DE MONNA JAHELI, au loin dans les montagnes.

   « Lassés de voir toujours les cieux,
   « Charmeurs de flots enfin funèbres,
   « Ils partaient, marins soucieux
   « D'explorer la Mer des Ténèbres!... »

SERGIUS, à part.

La Sorcière!..

(MORGANE boit, à la hâte, quelques gorgées de la coupe.)

SIONE, contre un pilier, écoutant.

Prenez garde!.. Entendez-vous ces bruissements d'armes!..

SERGIUS, se rappelant, sans entendre.

« Si tu ne dérobes jamais à un fantôme ses vêtements effrayants!.. »

MORGANE, laissant tomber la coupe.

Me voici!.. je suis à toi!.. — (Poussant un cri :) — Damnation! (Elle s'arrête et regarde la coupe :) — Ah! J'ai du feu dans le cœur! Je suis empoisonnée...

SERGIUS, la soutenant.

Morgane!..

MORGANE, presque morte.

Je ne sais où je vais!.. Où allons-nous, Sergius?..

LA VOIX DE MONNA JAHELI, lointaine.

« C'est la noire Sirène,
« O nautonniers perdus
« Dans l'onde souterraine!.. »

SERGIUS, à part.

Tout est fini. C'est l'heure.

MORGANE, d'une voix entrecoupée.

Qu'est-ce que cela?..
(Elle indique une chose obscure tombée de la coupe.)

SERGIUS, ramassant l'objet avec un rire amer :

C'est le gant de la duchesse d'Hamilton.

SIONE.

Dieu seul nous voit encore, Sergius!.. Elle va mourir.

MORGANE, expirante, se soulevant par terre.

Oui, l'ombre et les nuages s'amoncellent; cependant ce n'est pas l'heure des adieux, et j'entends sonner distinctement nos fiançailles magnifiques!.. Je meurs, et toi aussi, tu meurs, mon bien-aimé! Si l'on m'offrait à présent le trône et la vie, je les repousserais du pied tous les deux. — Vois-tu, nous étions fatigués de ce monde, de ses aurores banales, de son midi brûlant et de ses misérables nuits ! — Et puis je vais te dire!.. Il me semble que toutes ces choses se sont déjà passées !..

(Se soulevant et luttant contre le poison :)

— Mais ce n'est pas le ciel qui nous attend, mon bien-aimé ! Ma vue s'eteint ; cependant je vois des régions de vallées désertes ; oh ! les immenses solitudes ! J'entends le cri des bêtes sauvages ; là-bas, ce sont des steppes de neige. — Et ces branchages noirs, brodés de givre, au loin !.. Les étoiles brillent sur ces désolations... Là, plus de lauriers ! Ce sont bien nos royaumes. Nous y cheminerons ensemble, pâles ombres ! Nous nous assoierons au bord de leurs torrents dévastés. Nos actions sont devenues ce monde horrible, mais nous aimons tous les deux la solennité de sa mélancolie. Les hôtes solitaires y entreront le front haut : la tristesse de ces pays nous consolera d'avoir vu rire des visages humains, — seule chose que nous ayions à demander à la mort de nous faire oublier !

SIONE.

Oh ! ce délire horrible !.. Seigneur ! ayez pitié !..
— Ne meurs pas !.. Ne meurs pas sans prière ! oh ! sans élever tes regards vers Dieu !....

ACTE CINQUIÈME

MORGANE.

— Adieu, mon enfant! j'ai accompli la loi de mon sort. — Mon âme est comme un beau soir d'exil.

(Se débattant dans une convulsion suprême :)

Mais, voici le vent de l'éternité ; — viens me rejoindre Sergius!.. mon amant!.. je t'aime!.. je vais t'attendre, toute seule, dans les vallées... les sombres vallées...

(Elle meurt.)

SERGIUS, lui fermant les yeux avec les lèvres.

A l'instant même, je te suis.

SIONE, à voix basse, inclinée sur le corps de Morgane.

Mère, es-tu jalouse, maintenant, et me pardonnes-tu ?..

SERGIUS, sourdement, la main sur le cœur de Morgane.

Morte! (Il se relève.)

SIONE, pâle, debout, étendant le bras vers la fenêtre.

Le bruit de la statue, en tombant dans l'étang du cloître, a éveillé les soldats!.. Mourez en roi, Sergius! — On vous attend!..

SERGIUS, lui baisant les mains.

Adieu, Sione.

(Il enjambe la fenêtre et disparaît ; les trois portes s'ouvrent.)

SCÈNE VII.

SIONE, L'ABBESSE, LES RELIGIEUSES, rentrant sur la scène ; LES TORTIONNAIRES, vêtus de rouge, debout, au fond, devant la Chapelle Ardente ; — puis LA VOIX DU MAJOR EAQUE, puis LA VOIX DE SERGIUS.

L'ABBESSE.

Sœur Sione !..

SIONE, agenouillée.

Elle est morte.

(Toutes les Camaldules s'agenouillent autour de MORGANE étendue : le glas tinte un coup.)

L'ABBSESE, debout, impassible, la crosse à la main, au fond de la scène.

Priez pour une grande coupable, mes filles !..

(Le glas sonne un second coup : les Religieuses, relevant la tête, regardent l'ABBESSE.)

SIONE, aux tortionnaires qui s'approchent du cadavre :

Reculez-vous !.. Sortez d'ici !..

L'ABBESSE, continuant, lente et solennelle.

Priez aussi pour une grande race, une race fatale, une race des rois de ce monde!..

(Un silence.)

LA VOIX DU MAJOR EAQUE, au dehors.

Qui vive!..

L'ABBESSE.

Face contre terre, mes filles!

(Les Camaldules se prosternent.)

LA VOIX DE SERGIUS, tonnante au dehors, dans l'ombre.

Sergius Sigismond de Souabe, roi de Sicile!..

LA VOIX DU MAJOR EAQUE.

Feu!..

(Décharge de mousqueterie et de carabines.)

L'ABBESSE, continuant, tranquille.

... Et dont le dernier descendant paraît, en ce moment, devant Dieu.

(Elle se prosterne.)

(La toile tombe.)

FIN DU CINQUIÈME ACTE.

ACHEVÉ D'IMPRIMER

SUR LES PRESSES D'EDMOND MONNOYER

Au Mans, le 25 Avril 1894.

CHAMUEL, Editeur, 29, rue de Trevise.

PAPUS. — *Traité Élémentaire de [Magie] Pratique*. 1 gros vol. de 560 pag., 158 figures, planches et tableaux. In-8 raisin....... 12 fr.

— *Peut on Envoûter ?* broch. in-18, ornée d'une gravure......... 1 fr.

ÉLIPHAS LÉVI. — *Le Livre des Splendeurs*, ouvrage posthume, 1 beau vol. in-8.. 7 fr.

STANISLAS DE GUAITA. — *Le Serpent de la Genèse. Le Temple de Satan*, 1 fort vol. in-8 carré, orné de nombreuses gravures.... 15 fr.

JOSÉPHIN PELADAN. — *Comment on devient Mage*, beau vol. in-8 carré avec portrait héliogravé............................... 7 fr. 50

— *Comment on devient Fée*, beau vol. in-8 carré, avec portrait héliogravé... 7 fr. 50

— *Comment on devient Artiste*, beau vol. in-8 carré, avec portrait inédit... 7 fr. 50

F. CH. BARLET. — *Essai sur l'Évolution de l'Idée*, 1 vol. in-18... 3 fr. 50

ALBERT DE ROCHAS. — *Les États superficiels de l'Hypnose*, vol. in-8 avec gravures.. 2 fr. 50

— *L'Envoûtement*, broch. in-8................................ 2 fr. 50

A. BUÉ. — *Le Magnétisme curatif*, ... pages.... 2 fr.

ERNEST BOSC. — *Isis dévoilée*, ou .... beau vol. in-16.. 4 fr.

— *Addha-Nari ou l'Occultisme* .... beau vol. in-16.. 4 fr.

— *La Psychologie devant* .... vol. in-18. 300 pages... 3 fr. 50

GEORGES PRADEL. — .... 3 fr. 50

JULES LERMINA. — *La M........................sie*..... 3 fr. 50

ARMAND DUBARRY. — *L........................*in-18, de 350 pages.. 3 fr. 50

CHARLES GRANDMOUGIN. — .... 1 fr.

— *Les heures divines*............................... 1 fr.

MICHEL JICÉ. — *La ....compositions inédites*, 1 vol. in-18, de 250 pages............. 3 fr. 50

GEORGE MONTIÈRE — *........................*in-18........... 3 fr. 50

IWAN GILKIN. — *Stances dorées*............................brochure in-18, ornée de .... 1 fr.

JULES BOIS. — *Les Noces de Sathan, Drame Ésotérique*, broch. in-18.. 2 fr.

COMTE DE LARMANDIE. — *Nuit tombante*, 1 vol. in-18........... 3 fr.

— *Nuit close*, 1 vol. in-18................................ 3 fr.

— *Pleine ombre*, 1 vol. in-18.............................. 3 fr.

Le Mans. — Typ. Ed. Monnoyer.

www.ingramcontent.com/pod-product-compliance
Lightning Source LLC
Chambersburg PA
CBHW071937160426
43198CB00011B/1433